indigenous

yu kaneko

インディジナス

先住民に学ぶ人類学

金子　遊

平凡社

装幀——熊谷智子
カバー図版——「森へ採集にむかうムラブリ」二〇一八年　撮影・金子 遊

インディジナス
先住民に学ぶ人類学

目 次

第三章　アートと人類学／民俗学　173

はじめに

いつもカメラを携えて世界各地を旅しているが、気がつけば、その土地における土着の人ばかりを訪ね歩いている。英語でいえば、インディジナス・ピープル。その土地に「土着の」「固有の」「生来の」人たちであり、狭義では先住民のこと。さかのぼれば、ラテン語の indigena（その土地で生まれ育った）が語源だという。英語の native も同じ意味だが、こちらは生まれつきの言語や国を指すことも多く、先住民には「インディジナス」の方がよくつかわれる。

二十一世紀に入ってから、世界中のどこへいってもグローバルな資本主義が浸透し、都市の風景は似たようになり、消費社会の価値観があまねく浸透した。化石燃料などを大量消費した結果、地球規模での気候変動が起き、災害が頻発し、それが一因となって世界的なパンデミックが起きたことは周知の事実だ。長年、どうして先住民の世界をさまよい歩き、その土地がもつ土着性に惹きつけられるか判然としなかった。最近になって、環境に対して大きな負荷を与える前の人類の姿、動植物や自然と調和していた時代のあり方を求めて、先住民が太古から蓄えてきた叡智を探し歩いていることが自覚できてきた。

深い緑の森を歩き、遠くはなれた島へ渡り、霊的な祭祀に立ち会い、口伝されてきたフォークロアに耳をすます経験から得られた思考は、アートと民族誌が交わるような点で像を結ぶことになった。たとえば、コロンビアの民衆に広がる悪魔のフォークテイルをあつかった記録映画とマイケル・タウシグの民族誌が結びつき、ニューギニア島のダニ族の模擬戦を撮ったドキュメンタリーを考察することで、現代の戦争におけるホモ・ルーデンス的な「遊び」の欠如があぶりだされる、といった具合である。

それぞれの土地がもつ自然環境や風土と結びついた先住民や常民の思考から、人新世と呼ばれる時代を生きるぼくたち人類はいったい何を学ぶことができるのか。文化人類学や民俗学を歴史的に批評するなかで、ぼくはアート（映像、写真、美術、芸能など）と人類学のあいだで失われていた絆を蘇生することをくわだてた。そこにはティム・インゴルドの『メイキング』の翻訳に携わった経験の影響があるだろう。最後になるが、本書を企画し編集して下さった平凡社の竹内清乃さんとの幸福な出会いがなければ、この人類学論集が誕生することはなかった。この場を借りて感謝の意を表したい。

第一章

インディジナスに学ぶ

ゾミアの遊動民――映画『森のムラブリ』をめぐる旅

タイ北部の「森の人」

これまでぼくが手がけてきたドキュメンタリー映画のほとんどが、フィールドワーク的なアプローチの作品だったといえる。学生時代から十六ミリフィルムや八ミリフィルムで、詩人の吉増剛造や文化人類学者の今福龍太らの旅に同行して撮りはじめ、ヨルダン、イラク、石狩河口、奄美大島、喜界島、徳之島などへ旅をして、十年分のフィルム日記を集めた『ぬばたまの宇宙の闇に』（二〇〇八年）という作品が特にそうであった。その後はヴィデオカメラに持ちかえることになったが、どこか知らない場所や未知の領域へといざなってくれる誰かと出会い、その人の活動を追うことで、映像を撮りながら遠くまで旅をするということを、近作の『森のムラブリ』（二〇一九年）にいたるまでくり返してきた。

二〇一七年の二月から三月にかけて、インドシナ半島の山岳地帯を彷徨していたときのことだ。タイ北部のチェンライからミャンマーのシャン州にかけての境域を移動しながら、ゾミアと呼ばれる山岳地帯にわけ入って、アカ、ラフ、ヤオ、リス、パラウンといった少数民族の人たちが伝統的な生活を残している村々をめぐった。長老やおばあさんたちに話を聞いたり、祠や儀礼につかう道具を見せてもらったり、親切な人の家に泊めてもらって眺めのいい部屋から乾燥した赤土の山々を半日ほどながめたり。その頃のぼくは、タイの映画監督であるウィチット・クナーウットが一九七〇年代に撮った映画『山の民』（一九七九年）の世界にあこがれて、アカやラフの人たちの生活や習俗に関心を抱いていた。

その次に訪れたのは、ラオスとの国境沿いの山脈と接するタイ北部のナーン県だった。中心部の街に宿をとり、街なかをふらついて、山岳地帯へ案内してくれそうな旅のガイド役を探した。ぼくがこの街にきたのは、オーストリアの民族学者であるフーゴ・アードルフ・ベルナツィークが書いた一冊の本『黄色い葉の精霊』を翻訳で読んだからだ。その本のなかには、二十世紀になっても森のなかを遊動しながら狩猟採集をして暮らし、平地に暮らすタイ人やラオ人はおろか、隣接して暮らすモン（中国側ではミャオ）の人たちと物々交換をするときでさえ警戒してほとんど姿を見せることがない、タイの言葉で「ピー・トング・ルアング」と呼ばれるムラブリの人たちのことが書いてあった。タイ語では、ピーが「精霊、お化け」、トングが「バナナなどの葉」、ルアングが「黄色」の意味なので「黄色い葉の精霊」となる。

　ベルナツィークの本によると、十九世紀まではナーン県からタイとラオスにまたがって広がる山地の原生林のなかにムラブリは暮らしていて、その存在は少数の猟師や村人に知られているだけだった。彼（女）らはタイ人に比べると皮膚が浅黒くて、体つきは小柄で、ほとんど着衣をしていない森の遊動民であった。何の予告もなくふもとの村にやってきて、収集した蜂蜜や彼（女）らが編んだ籐《とう》細工などを物々交換のために置いていく。そして翌朝になると、村の人たちが用意した米を受けとって去っていくのだが、警戒心が強くて交換するときにも姿を見せないので「黄色い葉の精霊」と呼ばれるようになった。そのほかにKhon Pa（森の民）という呼称もあるそうだ。ものを交換する相手と顔をあわせないようにする、いわゆる「沈黙交易」をすることが多いという。西欧人が初めてムラブリと接触したのは一九一九年から二四年くらいとされる。地元の林業の会社につとめていたスウェーデン人が、ムラブリの男たち数人に森のなかで会ったのが最初だという。彼（女）らは自分たちのことを「森の人」という意味で、ユンブリ（ムラブリ）と呼んでいて、それが一般的な民族名として定着することになった。

　謎めいた森の漂泊者のことをきちんと研究しようとしたのが、ベルナツィークだった。彼は一九二〇年代から三〇年代にかけて、アフリカ各地、メラネシア、東南アジアなどを調査して民族誌を書くとともに、一般の人たちが気軽に読むことができる「調査紀行もの」の著書を多く発表した民族学者だった。一九三六年から三七年にかけて妻とふたりでインドシナ半島の奥地に入り、海のジプシーと呼ばれていたモーケン、狩猟採集民だったムラブリのほか、タイとミャンマーの国境地帯にある山間部に暮らす、アカ、ラフ、リスなどを詳しく調査した。ベルナツィークはまず民族誌を書いて一九三八年に出版し、そのあと五一年になってから紀行ものの部分を書きあげて、いま読むことができる著書『黄色い葉の精霊――インドシナ山岳民族誌』の原書を刊行した。民族学者の大林太良が翻訳を手がけて、一九六八年に平凡社の東洋文庫から日本語訳が出版されている。

『黄色い葉の精霊』という書物のクライマックスは、なんといってもベルナツィークの一行が密林のなかを探したあげく、最後の最後でムラブリたちに出会うところであろう。ベルナツィークらはタイ側のプレー県から探検をはじめて、北上しながらムラブリを見たという人を訪ねて歩く。そうやって数週間の旅をつづけるが、次第に荷物を運ぶ雇い人夫から不平がでるようになり、一度は旅をあきらめようとする。まさにそのとき、北部のモンが暮らす村にムラブリと直接会った人がいるという情報が入り、その村へ急ぐことになる。

モンの人たちに仲介してもらって、ベルナツィークたちが会ったのはムラブリの父子だった。モンはムラブリたちに「白人が、空を飛べるようになる薬をもっている」と嘘をいって父子を連れてきた。ベルナツィークは、ムラブリの父子にロシアの紅茶をごちそうして、その場を何とかごまかす。父子はおびえて終始おどおどした態度だったが、翌日になると妻と娘も連れてきて、彼らが編んだ筵《むしろ》二枚と交換に豚一頭がほしいと申しでる。ぼくが初めてムラブリに会ったときにも豚肉をみやげにもっていったが、いまもむかしもイノシシや豚の肉が好物なのは変わらない。このあたりの描写は、森のなかに隠れるように暮らしてはいるが、同時に平地の村にやってきて、さまざまな物々交換をする「交易者としてのムラブリ」のしたたかな特徴がでていて、読んでいておもしろい。なぜなら、ぼくがラオスの小さな村で出会った八十年後のムラブリたちもまた、まさにこのような交易の技術によって、森におけるノマド生活を維持していたからだ。

ベルナツィークの報告によれば、ムラブリの一家にはひとり一人に名前がなく「父」「母」「うえの息子」「娘」などとたがいを呼びあっていた。モンの通訳がラオ語とムラブリ語を理解したので、ラオ語から英語に通訳してもらって調査したところも、ぼくが撮影したときと似ていて、この地域の多言語的な状況をあらわしている。それから、ベルナツィークたちの一行はムラブリとともに密林のなかを放浪する。ムラブリは一カ所にとどまらず、小刀と荷袋を持ち、けものの追跡のために移動していく。竹とバナナの葉だけで雨露をしのぐ風よけを建て、手づかみで薫製の肉を食べ、葉を折りたたんでコップにし、竹を割った容器で調理をする。

ムラブリ語の言語学者

ベルナツィークが旅してから八十年後に、ぼくはタイ側のナーン県にやってきて、いまのムラブリがどんな暮らしをしているのかを見たいと思った。ナーンの街で何軒目かに訪ねたフー・トラベルという旅行会社があった。その事務所の机の前で暇そうにスマートフォンをいじっていたタイ人の中年女性が、ムラブリの居場所を知っているといった。

「北の山奥に、三〇〇人ほどのムラブリが定住している村があるのよ。それから南西のプレー県にも暮らしてる。北のほうが近いから、明日そちらへ案内しましょう」

翌日に旅行会社へいくと、ムラブリの人たちを撮った写真をいろいろと見せてくれた。一九八〇年代に撮られたという古い写真もあった。貴重な資料に見えたが、スキャンをしている時間がなかったので、もっていた一眼レフカメラで一枚一枚撮影して画像データにした。

「ムラブリに話を聞くなら、手みやげをもっていかなきゃね」

中年女性がそういうので、ナーンの中心部にある多くの店が入っている市場へいった。歩きながら話していると、どうやらこの女性はムラブリが非常に貧しい境遇におかれていることに同情しており、ときどき国内外からくる訪問客をムラブリの村に案内して、町から差し入れを運んでいるらしい。そのようにいうと美談に聞こえるが、それを旅行会社の仕事にしているという意味では共依存的だともいえる。あとで知ることになったのだが、タイ側ではムラブリはもっとも貧しくて、もっとも人数の少ない、同情に値する少数民族だと考えられていた。そのため、貧しいムラブリに手助けをすることは仏教徒のタイ人にとっては善行だとされ、徳を積むためにわざわざ遠いムラブリの村までやってきて、施しをする人たちもいた。結局、ナーンの市場で大きな缶に入ったビスケットを数ケース、豚肉のかたまりを数キロ分、それにバナナなどの果物、お米やパンをたっぷり買いこんで四輪駆動のジープに乗りこんだ。

ナーンの町をでると、背の低い木々が生い茂る山地になった。二月の乾季であるので、畑地はどこも茶色に乾燥している。北部の山岳地帯に入ると、そこは焼畑農業をするモンの人たちの領域だった。トウモロコシを育てるために焼き払った山々が連なっていて、乾季ということもあるが、緑の野山はほとんど見られない。しばらく車で走ってバーンルワン郡に入ってから、民族衣装を着たモンの人たちが屋台を連ねて、果物や小物を売る道端のマーケットがあった。そこを左に曲がると、細くて蛇行する山道に入った。思っていたよりもラフな道ではなく、ムラブリの人たちが住むフワイヤク村まで舗装道路でいくことができた。竹皮で編んだ壁でできた、農具を置いておく物置小屋のような家屋が、急勾配の坂道に沿ってならんでいる。家によってはバイクが停めてあるが、道は舗装されておらず、土ぼこりが舞う地面のうえで暮らしていた。一軒の家を訪ねると、屋内と地面の境はなくて、地面に十数センチの高さの五徳と木炭が置いてあるのが台所だった。家はみすぼらしく見えたが、内側に入ると涼しくて風通しもよかった。

大人の男たちはモンの畑に日雇い労働で出払っているらしく、村には年寄りと母親と小さい子

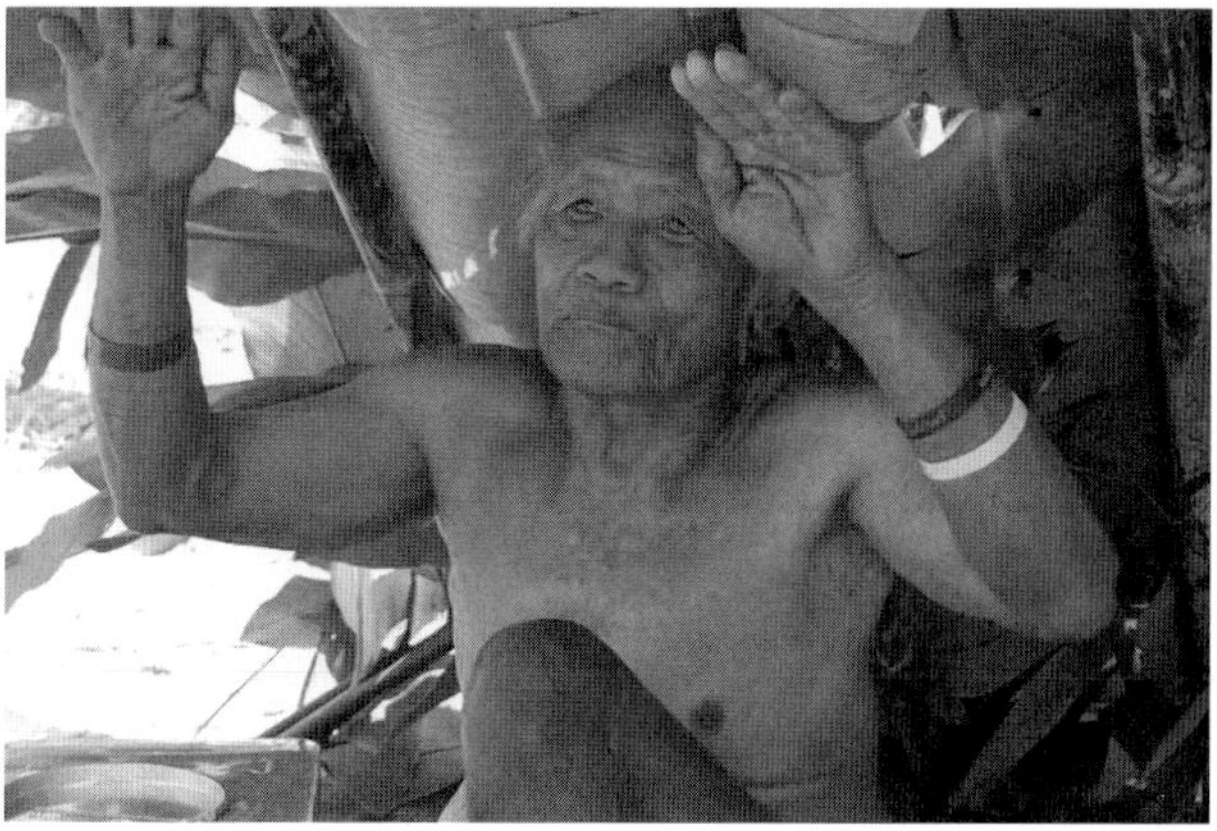
インタビューに答えるパーさん

どもしかいなかった。旅行会社の女性は年寄りと子どもたちに手みやげを渡して、ムラブリに伝統家屋のつくり方を見せてくれるように頼んだ。おばあさんと少女たちが林に入り、鉈《なた》をふるって竹の枝とバナナの葉を切りだした。竹を手頃な長さに切って骨組みをつくると、そこにバナナの葉を乗せて屋根にし、地面にもバナナの葉を敷いてじゅうたんにした。タイ人のガイドが、腰にふんどし一枚を巻いただけの長老のパーさんを連れてきた。パーさんは火打ち石と枝葉でまたたく間に火をおこし、鉈で豚肉を細切れにして竹の葉のうえにならべ、刈りだした竹筒に豚肉を入れて蒸し焼きにした。それが森での伝統的な料理法なのだ。ぼくはそれらの行動を丁寧にヴィデオで記録して、パーさんとおばあさんたちにインタビューした。「森での主食はヤムイモで、いろんな鳥やネズミやコウモリも食べたけど、必ず火をとおして食べた」という。この映像は帰国後に編集して、五分の短編ドキュメンタリー『黄色い葉の精霊』（二〇一七年）にまとめた。

タイ北部のフワイヤク村にきて感動したのは、地球上に三〇〇人程度しかいないといわれるムラブリが、この村では固有の言語であるムラブリ語を話していたことだ。驚いたことに、同じ村で日本からきた若手の言語学者である伊藤雄馬さんとばったり出会った。伊藤さんとその研究仲間の文化人類学者は、ムラブリの村に木材で小屋を建て、中古車を購入して長期的な調査ができるように設備を整えていた。人類学者のほうは、この村で一年ほど暮らしたという。さらに驚いたことに、伊藤さんは、英語、タイ語、北タイ語、ラオ語が話せるだけでなく、日本語の次にムラブリ語が得意というほどこの言語に習熟しており、目の前でムラブリの人たちと楽しそうに会話をした。村の中央にある広場で伊藤さんと話すうちに、初対面ではあったが、どちらから提案するともなくムラブリに関するドキュメンタリー映画が撮れないかという話題になった。

「ムラブリは、タイに二グループ、ラオスに一グループがいることがわかっているんですが、平地に定住するようになってから、ここ百年以上、おたがいに人食いだといって警戒して近寄らず、接触がなくなっています。ぼくはムラブリ語の方言の差異を研究しているんですが、もし彼らが接触したら何が起こるのかを見てみたい。タイ側では一九八〇年代から政府によってムラブリの定住化が進められてきましたが、ラオス側の十数人はまだ森のなかで、むかしながらの狩猟採集の移動生活をしているようです。ぼくも彼らの野営地にはいったことがないし、まだ世界の研究者の誰もその写真や映像は撮っていませんね」

話は決まったようなものだった。タイとラオスの国境をはさんで、人食いの伝説によって引き裂かれている森の遊動民。いまだ写真家やテレビ番組のクルーによって撮影されていない、ラオス側の山奥で暮らす最後のムラブリたち。伊藤さんは言語学者としての立場をこえて、ムラブリたちの社会に介入し、たがいを人食いとして嫌いあっているムラブリたちに面会してもらいたいと考えている。そのようなプロジェクトを進めようとしている伊藤さんとしては、歴史的な瞬間を自分だけで目撃するのはもったいないので、映像で記録したいと思っていた。そこへ、ちょうどぼくがあらわれたというのだ。映像人類学的なドキュメンタリー作品をつくるためのモティーフとしては充分だといえた。あとは機材をそろえて、いつ撮影のためのフィールドワー

クを敢行するかというスケジュールの問題だけだった。

「二、三十年前までは、森のなかを移動しながら静かに採集生活をしていたんだよ。それが企業による森林伐採やら、モンの焼畑のせいやらで、森がなくなって定住することになった。けれども、いまでも森に帰りたいと思ってるよ」

フワイヤク村の長老であるパーさんは別れぎわに、自分の思いを語ってくれた。超少数者として隅に追いやられている少数民族の問題というだけでなく、ここには地球環境の問題も深く絡みあっている。ムラブリたちがひっそりと暮らしていたジャングルがなくなってしまったのは、自然の現象ではなく、人為的な力によるものだった。二十一世紀における狩猟採集民の生活をじっと見つめることで、そこからぼくたちが暮らす現代社会が抱えるひずみが逆照射されて見えてくるのではないか。この映画の企画はそこまでいかなくてはならないと考えて、身の引きしまる思いがした。

ムラブリの「発見」

日本に帰ってから、日本映像学会に所属する「アジア映画研究会」において、ムラブリをモデルにしたタイ映画と現地調査の研究発表をおこなった。ムラブリが森のなかで身をひそめるようにして、ほかの民族との接触を避けて暮らしてきたのは、さまざまな暴力の被害にあってきたからだと考えられる。モンの畑を手伝ってきたのは一九三〇年代から変わらないようだが、そのほかにティンやヤオの耕作地に近づいて野獣のように射殺された数例をベルナツィークは報告していた。[*1]二十一世紀にいたるまで森のなかでバナナの葉でつくったテントに寝起きし、農耕以前の時代と変わらないような採集生活を営んでいるところに、この小さな民族が抱えてきたトラウマの深さがうかがえる。現代においても人食いの言い伝えが根強く残っているのには、そのような歴史的な背景があるのだろう。

ムラブリは文字を持たず、これといった起源神話のようなはっきりとした伝承が残っているわけでもないので、民族の起源がよくわからないといわれる。多くの人が無批判に信じこんでいるように、はたしてムラブリは裸同然の格好で森のなかをノマド生活をする、石器時代と変わらないような原始的な暮らしをつづけてきた人たちなのか。ジェームズ・C・スコットが著書『ゾミア』で展開したように、かつては平地に定住して農耕を営んでいた人たちが、戦乱を避け、国家による重い徴税や兵役をのがれて、避難民のように山岳地帯や森に逃げこみ、自分たちの意志で狩猟採集的な生活にもどったという可能性はありうる。

遊牧、採集、移動耕作、分節リネージ組織といった一連の慣習は、往々にして「事後的な適応」であり、意図的に選ばれた「自己野蛮化」の結果ともいえるものだ。それは、居住場所、生業手段、社会構造を、国家からの逃避という目的の下で巧妙に調整した結果なのである。[*2]

伊藤雄馬さんの話によれば、ムラブリとタイ北部に住むティンのあいだには、遺伝的な要素をはじめとするさまざまな共通点があるという。そこで、ここ数百年くらいの意外と近い時期に定住生活を送るティンからわかれて、森に入っていったグループが現在のムラブリの祖ではないかという観点から学際的な研究がおこなわれている。東京大学の太田博樹教授らによる遺伝子研究では、五十八人のムラブリからDNAサンプルを採取して分析した。その結果、三百人以上におよぶムラブリは、もとは農耕をしていた近接する民族（おそらくはティン）からわかれた、とても小さいグループからはじまった人たちだと判明した。むかしにいた、たったひとりのムラブリ女性にその起源を求めることができる。遺伝子的な考察に言語学や文化的な考察を組みあわせると、五百年から一千年くらい前に何らかの理由から農耕する集団からわかれて、狩猟採集生活に入った人たちが現在のムラブリの始祖となっているというのだ。[*3]

これはジェームズ・C・スコットが、ゾミアにおける山地民が何らかの理由によって国家的な制約をきらい、定住的な農耕生活からあえて狩猟採集状態にもどっていくという指摘を見事に裏づける研究結果である。どのような理由があったにせよ、森の民であるムラブリは数百年以上にわたりノマド生活をつづけて、最近になるまで森からでてこようとしなかった。そして、そこには「人食い伝説」が民族のトラウマのように絡みついている。

タイでは一九八〇年代の前半に、ムラブリの存在が平原タイ人によって「発見」されて社会に衝撃を与えるというできごとが起きる。そして、誰も見ることができなかった伝説のピー・トング・ルアング（黄色い葉の精霊）であるムラブリの男性を都会に連れていき、見世物のような扱いをした。その事件にともない、すぐにムラブリをモデルにした『タワン・イム・チェーン』（一九八五年）というコメディ映画がつくられた。タイトルはタイ語で「ニコニコする太陽」という意味で、冒頭からムラブリの森における生活がかなりの誤解とエキゾティシズムを混ぜあわせたうえで、映像表現としてはそれなりに魅力的に描かれる。

映画のストーリーはシンプルだ。ナーン県に住むムラブリの青年は、ある日、森のなかに仕かけられた罠に引っかかり、ゴリラとともに探検隊につかまってしまう。都会のバンコクに連れていかれた青年は、原始人として見世物にされ、精神病者だと思われて施設に入れられる。しかし、どこへいっても熱帯の青い空に太陽が光り輝く（ニコニコする）と、青年はスーパーマンのように信じられないパワーを全開にして乗り切っていく。そんなムラブリの青年は、もともと自分が住んでいた北部の森へもどろうとして悪戦苦闘を重ねる。監督のカムトン・タップカンライは、ジャッキー・チェンの『蛇拳』と『酔拳』をパロディにしたようなカンフー映画を撮るなど、コメディを得意とする。『タワン・イム・チェーン』でムラブリの青年に扮したのは、タイのスター俳優であるソラポン・チャートリー。日本で一般公開された映画では、『ビューティフルボーイ』（二〇〇五年）というオカマのムエタイ選手を描いた人間ドラマでコーチ役として登場し、人気カンフーシリーズの『マッハ弐』（二〇〇八年）では、主人公を助ける山賊のリーダーの役で出演した俳優だ。

『タワン・イム・チェーン』という映画が製作された背景を、中央タイとムラブリの接触の歴史から振りかえっておこう。現在、ムラブリは三百人から五百人ほどがタイのナーン県やプレー県、そしてラオスで暮らしているが、九割がタイ語やラオ語を主に話すようになっており、ムラブリ語の消滅が危惧されている。わりと近年になってから、何らかの理由でムラブリはラオスのサイニャブリー県からタイ側に移動してきたと見られる。このあたりは、フワイヤク村の長老のパーさんが口述伝承している証言とも一致する。一九三〇年代半ばにベルナツィークが探検によってムラブリと接触し、一九六〇年代の初頭には、サイアム・ソサエティというタイの学会が二度の言語的な調査をおこない、ムラブリがモンゴロイドで、ムラブリ語という独自の言語を話す集団だということが確認された。

一九七〇年代になると、この地域では政情が不安定になった。共産ゲリラとタイ政府軍による武力的な衝突がはじまり、近隣のラオスやヴェトナムで政変や戦争が起きたので、森からでてきてモン族の畑仕事を請けおい、その代わりに食べ物をもらうムラブリがあらわれた。この頃からタイ政府による定住化政策も進んだ。一九八二年、アメリカ人の宣教師であるユージーン・ロングがムラブリを救済する活動をはじめて、言語や文化を損なわないかたちでの最低限の文明化と定住化を目ざした。一九八三年にはバンコクの会社が自社の物産展の呼び物として、ムラブリをバンコクに連れてきて、ピー・トング・ルアングの存在がタイ全国に知られるようになる。それをきっかけにして映画の製作がスタートして、一九八五年に公開されたのが前述した『タワン・イム・チェーン』であった。

気になるのは、現代にいたるまでのタイ映画におけるポリティカル・コレクトネスの意識の低さである。その背景には、圧倒的な多数を占めるマジョリティの仏教徒である平原タイ人が、少数民族に対して抱く偏見や差別意識があり、それが大衆的な消費物である娯楽映画に持ちこまれてしまっている。そのような例はムラブリをモデルにした映画だけに限らない。たとえば、二〇〇四年に製作された『アフロサッカー』は、タイ南部のジャングルに住む先住民とされるセノイ（サカイ）の人たちをモデルに描いており、肌の黒い少年たちのサッカーチームが信じられないような野性味を発揮してサッカー大会を勝ち進んでいくというプロットを持つ。ぼくはタイ映画におけるムラブリやセノイのような少数民族の表象を研究したあとで、自分が撮影するドキュメンタリーが可能なかぎり、こうした偏見から遠ざかる努力をしなくてはならないと考えるようになった。

タイ側における撮影

一九八六年生まれの言語学者であり、ムラブリ語の研究者である伊藤雄馬さんと何度か東京で打ちあわせを重ねた。伊藤さんは島根県の浜田市で生まれ育ち、富山大学で言語学を専攻した。あるとき、授業のなかでテレビタレントがタイ側のムラブリの村にいき、さまざまな経験をする紀行バラエティ番組を観た。ムラブリが語尾の音程をあげて話す、独特のうたうような話し方に魅せられてムラブリ語を研究したいと思ったという。大学を卒業したあとに就職する自分を想像できず、京都大学の大学院に進み、タイ北部でフィールドワークをしながらムラブリ語の研究をつづけた。おもしろいのは、ムラブリと話すためにまずタイ語をおぼえ、それからムラブリが話す北タイ語とラオ語を身につけて、というふうに話せる言語が増えていき、いまでは六言語をあやつる一種の天才肌であることだ。

京都大学の博士課程にいる頃は家庭教師をしながら食いつなぎ、三十歳で富山国際大学の客員准教授、三十二歳で専任講師と着実にキャリアアップした。ぼくが二〇一七年二月に出会ったときには、すでに学部時代から十年ほどムラブリ語を研究していた。奥さんと小さなお子さんもいて、オンラインで打ちあわせをするときは、あたたかい家庭の声やにおいがパソコンのモニター越しに伝わってきた。しかし、ちょっと他人に対して臆病にかまえる若手研究者のなかに、ここでないどこかへいきたいというだけでなく、自分の内側に折りたたんである羽根を広げて、いつ

言語学者の伊藤雄馬さん

かその才能を開花させてみたいという静かな野心が眠っていたことには気がつかなかった。

伊藤さんが、地方の国際大学で英語やタイ語を教えながら家族と静かに暮らし、あまった時間で自分のムラブリ語研究を進めるという地道な人生をみずから方向転換することになるとは思いもしなかった。地道な研究者であれば、そもそも研究対象である少数民族を映像に撮ってもらい、自分の研究を世間に広く知ってもらいたいなどとは考えないだろう。ドキュメンタリー映画の製作にのってきた時点で、すでにその道は踏み外していたのだ。『森のムラブリ』が完成した二〇一九年十一月の数カ月後に、伊藤さんは大学の専任教員の地位を捨てて、独立研究者を名乗り、まさにフリーハンドで言語研究をつづけるようになる。映画の製作が何らかの影響を与えたのではなく、ぼくと会う前から、堅苦しい学究の世界から飛びでようとしていた人なのだと考えることにした。一見、遠回りをしているようだが、研究やら大学での地位やらにしがみつく研究者たちに比べたら、彼（女）らが一生見ることができない領域まで歩を進めて、誰も見たことがない景色を見るところまでいくだろう。

さて、そんな伊藤さんと一緒にふたたびタイのナーン県に飛んだのは、最初にムラブリの村を訪ねてから一年後の二〇一八年二月のことだった。地球上でもっとも多くのムラブリが定住するフワイヤク村に腰をすえて、ひとり一人の話をじっくり聞くとともに、彼らの定住生活を映像で記録するところから取材を再開した。村の人口は百五十人余りといわれるが、常に人が出入りしているので、その人数は確定しがたい。道路から村へ入ってくる入り口に立派なコンクリート造りの学校があって、そこへ数人のタイ人教師が通い、ムラブリの子どもたちにタイ語や勉強を教えている。王族関係の助成金がでており、山間部の貧しくて多様な少数民族の子どもたちに教育を施すことでタイ化を促進している面がある。子どもたちは学校でタイ語を習い、家へ帰ると、親や祖父母とムラブリ語で会話するというバイリンガルな言語状況にある。

ドキュメンタリー映画『森のムラブリ』では、こうした学校のタイ人教師のほかに、トラックに食料雑貨を乗せて物売りにくるタイ人女性や、鍬《くわ》や鋤《すき》を背負ってムラブリに日雇い労働を頼みにくるモン女性の姿を映像でとらえている。少しエコクリティシズム的な観点になるが、ナーン県の山岳地帯に入って驚いたのは、森林やジャングルがほとんど消滅して、山々がどこも丸裸であることだった。この地域に暮らす比較的人口の多い少数民族であるモンは、中国から南下して

昼間のフワイヤク村

きた生活力のあるたくましい人たちだ。彼（女）らは焼畑農業をおこなうために森を焼き払い、それをトウモロコシ畑に変えていった。そのためにムラブリは狩猟採集をしてノマド生活していた場を失い、暮らし自体が立たなくなった。その結果、山からおりてきて定住せざるを得なくなったという一面もある。

フワイヤク村で撮った昼間のシーンに、ほとんどムラブリの成人男性が写っていないのは、モンに雇われて畑仕事にでかけているからだ。かつては森の民だったムラブリのことをモンの言葉で「マク（訪れる人）」と呼んだそうだが、現在では別の意味で畑仕事に「訪れる人たち」になっているという皮肉な状況にある。映画のなかでは、十代半ばの少女たちが日雇い労働にでて、トウモロコシの巨大な脱穀機械とともに肉体労働をするさまを描出した。そうやって一日じゅう働いても、彼女たちが稼げるのは二百バーツ（約七百円）にすぎない。同じタイ北部の少数民族とはいえ、進取の気性を持つ民族とそうではない民族とでは、経済的に大きな格差があることは否めない。とはいえ、前者が後者を一方的に搾取しているかといえば、必ずしもそうとはいえない。映画では、村にひとつしかないテレビの前にムラブリが集まっているところへ、モンの農家が日雇い労働の賃金を支払いにくる場面がある。その姿を見ていると、モンのほうでもムラブリの労働力を多分に当てにしていることがわかる。

ところで、誰でもフワイヤク村に滞在すれば気がつくことだが、ムラブリの人たちは遺伝的要因のせいか、それとも栄養不足のせいなのか、成人から老年にいたるまで一様に体格が小柄である。村に定住する女性たちは赤子を背負い、複数の子どもを同時に世話し、大変な子煩悩に見える。大人の女性たちにインタビューをしていくと、ムラブリの女性は生涯にわたって何度も結婚して、たくさんの子どもを出産することがわかった。ひとつの理由として考えられるのは、子どものうちに病気などが原因で死亡する率がとても高く、一説ではムラブリの平均寿命は三十三歳くらいとすらといわれる。

同じナーン県にあるドーイプライワンというモンの村では、山からおりてきた男三人、女性一人のムラブリが村外れで暮らしていた。彼（女）たちは十年くらい前まで森のなかに住んでノマド生活をしていたという。四十代から五十代くらいのサックさん、同年輩のキットさん、二十代後半から三十代くらいのウォンさんの三人が同じ小屋に住んでいた。山の暮らしがどのようなもので、どうして村に定住するようになったのか、その経緯を含めて詳しくインタビューした。サックさんの人生の語りはこんなふうである。

「むかしはネズミやタロイモをとったり、バナナの花や生姜《しょうが》をとって食べていた。塩やトウガラシもなく、そのまま食べた。お腹がいっぱいになったら、また別の場所へ移動する。バナナの葉で寝床をつくり、また食べ物を狩猟採集するという暮らし。森でイモなどを掘り、それをミェンの人たちと塩、米、トウガラシなどと交換した。まわりの親戚や家族は病気になったり、死んでしまった。ティンの人びとが寝床をつくってくれて、薬を飲ませてくれたこともあった。それで元気な人間は木を切り倒すなど、ティン族の畑仕事を手伝うようになった。そのあとは移動に移動を重ねて、この場所までやってきた。祖父、祖母、父、母とはもう会えなくなった。彼らの名前も忘れてしまった。兄弟姉妹はタイ人がやってきたせいで、それぞれがバラバラになってしまった。凶暴なタイ人がみんなを連れ去ってしまい、それ以来みんなと会えていない」

非常に断片的な語りではあるが、ドーイプライワン村のムラブリがまだ森の生活をしながら、ミェンと沈黙交易をしたり、ティンの人たちに助けてもらったりしていた時代が、きっちりと記憶されている。家族のなかの年長者が死んでしまったあとで、タイ人の手によって兄弟姉妹がバラバラになったという語りはいったい何を意味するのか。王族の資金による定住化プロジェクトの影響なのだろう。それ以上、詳しいことを聞きだすことはできなかった。

一方で、映画『森のムラブリ』では描けなかったこともある。かねてよりムラブリ同士で結婚することが多いのだが、村での定住生活がはじまると、女性のムラブリが地元のモンの男性に嫁ぐケースがでてきた。そうやって、この村では三人の男性は婚姻する相手を失った。嫁ぎ先に様子を見にいくと、四、五十代と見られるムラブリ女性のバオ・イソンさんはモンの家で近代的な暮らしをしていた。だが、外見が明らかにモンと異なるので、まわりから少し低く見られている様子だった。森から低地におりて定住するムラブリのうち、女性ばかりがタイやラオやモンといった別の民族と結ばれて、ムラブリの共同体をはなれるということが起きている。映画のラストシーンで長老のパーさんやロンさんは、ドーイプライワンに住む三人のムラブリ男性を訪ねて、「わたしたちの村にくれば、きっと結婚相手も見つかるよ」といい、フワイヤク村で一緒に暮らすように勧誘する。その背景には、ムラブリ同士の婚姻をうながし、子どもたちをたくさん産み育て、自分たちの仲間を増やしていこうとする少数民族ならではの努力があるのだ。

人食い伝説

ぼくはベルナツィークの『黄色い葉の精霊』を読んでいたので、撮影をはじめる前からある程度は予想していたことなのだが、ムラブリの人たちがどこからきたのかという起源をめぐるまとまった伝承や、自民族の創生をめぐる伝説を聞きだすことはなかなかに困難だった。ムラブリが死んだあとにその魂がどうなるかという霊魂の問題や、目に見えない神や精霊をめぐる神話、そして年中行事としておこなわれる儀礼や祭祀について、いくら粘り強くインタビューしてもほとんど成果は得られなかった。信仰や宗教らしいものがあるとすれば、ムラブリが農耕や牧畜をせず、ずっと森のなかで採集生活をしてきたのは「精霊が禁じていたから」というだけだった。長らくムラブリ語を研究している伊藤雄馬さんにそのことを問いただすと、彼もむずかしい顔をして次のように答えた。

「うーん、本当にぼくたちにとっての信仰や祭祀にあたるものが、ムラブリにはあまり見当たらないんですよね。広い世界にはそのような民族もいるというか。ムラブリに独自の民族衣装、音楽、踊りも希薄なので。いまは定住してほかの民族と隣接して暮らしてますが、自分たちの民族のアイデンティティを保つためのシンボルがないんです。唯一、ムラブリ語と狩猟採集生活だけが、ムラブリらしさを証明するものといえるかな」

「どうして、そうなったんでしょうか」

「ムラブリは十五歳くらいになると結婚して、核家族やバンドと呼ばれる血縁集団の単位で森のなかを移動して暮らしてきました。食料となるイモや魚や動物がなくなったら、バナナの葉でつくった野営地を捨てて次の場所に移動するという生活。で、危険を避けるためにタイやラオやモンなどの他の民族だけでなく、ほかのムラブリの集団とも接触することを避けていた。だから家族や集団という観念はあっても、民族という意識が希薄なんだと思います」

口述伝承や民族の歴史に関するエピソードを、インタビューのなかでいくつか記録することができた。ひとつは長老のパーさんが「自分たちはラオスの山からおりてきた」と明言していることだ。そして、彼の創生神話らしき語りのなかには、タレーとか、タクルトレーンとか、ムラヘンムラヨーンと呼ばれる人食い人種のムラブリがしばしば登場する。「そのむかし、地上にはモンもタイ人もおらず、神だけがいた。神が地面をつくったあと、神の子どもがおりてきた。それがタイ人、ムラブリ、白人になった。タレー（人食いのムラブリ）は別の場所におりたので、最初はいなかった。タイ側のムラブリは善人だが、ラオス側のムラブリはそうではない」とパーさんは語ってくれた。

一九七七年から九四年にかけて、まだタイ側でもムラブリが森のなかでノマド生活をつづけているところをフィールドワークをした、デンマークの人類学者イェスパー・トライアーは、『精霊を召喚する（インヴォーキング・ザ・スピリッツ）』という大部のムラブリに関する民族誌を執筆した。彼がそのなかで記述している、ラットという名のムラブリから収集した民族の創生神話を短くまとめれば次のようになる。

最初はひとつのムラブリの家族しかいなかった。夫婦と息子と娘だけ。空と大地はいまよりも近かった。ある日、父親が狩りにでかけて川に落ちて溺死した。なぜなら、その頃はまだ太陽がなく、すべて闇のなかにあったからだ。それを知った妻は悲しんで、あとを追うように亡くなってしまった。それで兄妹はふたりで暮らすようになった。ある日、兄は森で見知らぬ人たちを見かけ、妹に知らせるためにあわてて帰った。見知らぬ人たちが兄妹の風よけまできたとき、天空の精霊がこの世界をつくった。明るくなって兄妹はすべてがはっきり見えるようになり、見知らぬ人たちまでもが見えて怖くなった。そこでジャングルの奥深くに逃げこんで、そこでふたりのあいだに娘が生まれた。しかし、虎がきて妻となった妹を食べてしまった。それで父は娘が充分に大きくなるのを待ってから夫婦になり、たくさんの子どもたちに恵まれた。それがムラブリのはじまりである。[*4]

おもしろいことに、この創生神話は前述した遺伝子調査から判明した事実を裏づけるような内容になっている。また、ここには短いながらもムラブリの生活習慣を特徴づける、さまざまな要素が詰めこまれている。竹の密林のなかに暮らしながらも、飲料水や生活用水を確保するために、あるいは魚をとるためにムラブリは川の近くに野営してきた。だから父親が死んだのも川であった。残されたムラブリの兄妹が「見知らぬ人たち」を怖がるさまは、タイ人やラオ人やモンやほかの少数民族に姿を見られないように、沈黙交易で物々交換をし、ほかの民族が近づいてきたらバナナの葉と竹でつくった風よけと焚き火をあとに残して、森の奥に逃げてしまうムラブリの心象をうまく表現しているようだ。森に探しにいっても黄色く枯れたバナナの葉の風よけのあとしか残っておらず、ほかの民族はムラブリの姿を見ることはできなかったのだ。それゆえにムラブ

マットさんがバナナの葉でつくった風よけ

リはタイ人から「黄色い葉の精霊（お化け）」と呼ばれてきた。そして、過去のムラブリにとって天敵であった捕食動物である虎が存在感を放っている。数家族から成るバンドの単位で森のなかをノマド生活していたがゆえに、近親者同士で結婚をくり返してきた近親婚の要素も見のがせない。これはラオス側のグループが、たがいに非常に似通った顔つきをしていることを思い起こさせる。

数百年前にムラブリにおけるひと組のアダムとイヴが、何らかの理由で農耕社会にいられなくなり、森の奥に逃げこんでいった。そして、そこで平地民や見知らぬ人たちからの暴力を怖れて、狩猟と漁労と採集の生活をおぼえていき、次第にそれが自分たちのライフスタイルになっていく。動物や魚や根菜食物をとりつくさないように、ときどき野営地の場所を変えながら森のなかを転々と遊動して歩く。そんなふうにムラブリのノマド生活がはじまった起源のイメージが、ぼくの脳裏に浮かんでくるのであった。

さらに聞き取りを進めていくと、フワイヤク村の村長であるシーさん（約六十二歳）から、「人を殺してその肉を食べたというムラブリは、入れ墨をして体に模様があり、ラオス側に去っていった」という伝聞が得られた。その話を森のなかで生まれたシーさんは両親から聞いたという。「ふんどしおじさん」の愛称で親しまれるマットさん（約六十歳）は、「人食いのタクルトレーンは穴のなかにいるので、もし見かけたら、木に登れば追いかけてこない。彼らは穴に潜んでいて、そこから槍で突いてくるのだ」と、やはり父母から聞いたという話を教えてくれた。入れ墨を体に入れたり、人食いをしたりするムラブリは、タレー、タクルトレーン、ムラヘンムラヨーンなどと呼ばれ、タイ側のムラブリのあいだで親から子へと口頭で伝えられるフォークロアになっていた。

フワイヤク村とドーイプライワン村のムラブリに共通して見られる人食い伝説に、ぼくは興味をおぼえた。この伝説がラオスのムラブリ集団にもあるのだとすれば、三つのグループがたがいを人食いだと思いこみ、百年以上も交流していない理由が少しは見えてくるかもしれない。ムラブリ語の言語学者である伊藤雄馬さんの最初のアイデアは、長老のパーさんが高齢なので最後のチャンスとして一緒にラオス側へ旅をしてもらい、森の生活をつづけるラオス側のムラブリに引きあわせるというものだった。しかし、パーさんの健康状態が国境を越える旅に耐えられないことに加えて、タイの国籍をもったり持たなかったりする遊動民のムラブリが、パスポートを取得することは大変にむずかしいという大きな現実的な壁にぶつかった。そこで、ラオス側のムラブリ探しは伊藤さんとぼくだけでおこなうことにして、パーさんやロンさんには、ドーイプライワン村にいる三人のムラブリに会ってもらうことにした。結果的には、このシークエンスが映画のラストシーンへと発展した。

その場面を撮影したときのことは、いまでもよくおぼえている。四輪駆動のジープを用意して、パーさん、ロンさん（四十五歳から五十歳くらい）、少年ふたり、女性三人を乗せて片道二時間ほどのドライブにでた。ムラブリはなかなかナーンの街なかへいく機会がないので、女性三人は買い物をしたり甘い飲み物を買ったりして楽しんでいた。しかし、町の食堂に入って食事をとることだけは頑なに拒否した。このあたりにも、引っ込み思案で見知らぬ人たちとの接触をなるべく避けようとする、ムラブリならではの臆病さを見ることができる。その一方で、ムラブリの女性たちには店のなかに入りたくない別の理由があるようだった。

二〇一八年二月の時点で、フワイヤク村でテレビの受像機をもっているのは村長の家だけだった。モンの畑で一日働いたあと、夜になるとムラブリの老若男女がぞろぞろと村長の家に集まって、タイのテレビ放送を観るのが常だった。テレビ画面には、アメリカのアクション映画がタイ語の吹き替えで放送されたり、コマーシャルになると色白のタイ女性がファッショナブルな服装で登場して、化粧品の宣伝をしたりする姿が映しだされる。そのようにテレビを観ていれば、自分たちがテレビのなかの人たちとちがって、肌の色が褐色で、髪の毛がぼさぼさで、みすぼらしい服装をしていることは容易に実感できてしまう。そんなこともあり、ムラブリ女性たちは肌の色が平地のタイ人より濃いことや、汚い格好をしていることを気にしていた。そこで食事をテイクアウトして、国道沿いの空き地で食べることになった。

ドーイプライワン村に到着すると、一番年の若いウォンさんしか家にいなかった。「どうやらほかのふたりのムラブリは、フワイヤク村からほかのムラブリがくると知って森のなかに逃げた様子です。本当に人食い伝説を信じているんでしょう」と伊藤さんはいった。およそ百年ぶりに再会したムラブリたちは、たがいの方言のちがいを確認しあった。「鼻」「犬」「食べる」といった生活における基礎的な語彙が、方言的に言語が変化したというだけでは説明できないくらい両グループでは異なっている。伊藤さんの説では、集団においてあえて言葉を変える「秘儀化」をしてきたのではないかという。森で出会ったムラブリ同士が、たがいを自分の属する集団なのか、それとも危険な集団であるのか、見かけだけで判断することはむずかしい。そこで、自分たちの集団だけで通用する語彙をつくりだし、異なる言葉づかいをする集団に会ったときには、すぐに逃走することにした。言語学的にはそんなふうに考えることができるのだという。ほかの民族だけではなく、森を遊動している別の集団をも怖れなくてはならないところに、人食い伝説の信憑性は別として、ムラブリの人たちが抱えるトラウマの大きさがうかがえる。

フワイヤク村から連れてきたパーさんとロンさんは、モンのドーイプライワン村の片隅で暮らすウォンさんに対して、熱心に三人がフワイヤク村に移り住むべきだと主張した。特にパーさんは「むかし、自分たちはラオスからやってきたグループだ。わしらはよいムラブリで、決して怖いムラブリではないよ」と、ウォンさんに対して切々と訴えた。その様子を見て、伊藤さんとぼくは考えちがいをしてきたのではないかと思った。たしかにフワイヤク村に集まったムラブリの集団と、ドーイプライワン村に暮らす別系統のムラブリが出会うのは百年以上ぶりであろう。だがしかし、パーさんやロンさんがほかのムラブリを説得する姿には、どうにも手慣れたところがある。

嫌いあうムラブリたちに再会してもらうという「介入」は伊藤さんのアイデアであり、映画を撮るにあたってムラブリたちに呼びかけて実現させたことだ。しかし、タイ側のムラブリはここ二、三十年のあいだ定住化を進めるにつれて、タイ人から定住をうながされただけではなく、みずから積極的に仲間を増やしていった経験があることが推測できた。つまり、ぼくたちが「介入」だと考えた異なる集団のムラブリ同士を引きあわせる行為は、定住化の歴史のなかでもくり返されてきたことであり、この機会をうまく利用したのはムラブリのほうなのかもしれなかった。彼（女）たちの説得工作に慣れた姿を見ていると、ここ数十年のあいだ、森にいるムラブリを少しずつ口説いて定住する仲間を増やしてきた結果が、いまのフワイヤク村の繁栄につながっていることが理解できた。

二〇一九年十一月に神戸市外国語大学で最初の上映会が開かれてから、ドキュメンタリー映画『森のムラブリ』は、メキシコ、北マケドニア、カンボジアなどの国際映画祭で上映され、国内でも東京で劇場公開してから横浜、名古屋、大阪、京都、神戸など全国二十カ所で上映がつづいている。ぼくや伊藤さんはなるべく可能なかぎり上映に立ち会い、舞台あいさつやティーチイン、トークイベントをするようにした。そのなかで必ず聞かれる質問に、「人食いだといって、たがいに嫌いあっているムラブリの人たちを引きあわせてしまってよかったんでしょうか」というのがある。これに関しては前述のように、ぼくたちが「介入」だと思っていたことが、ムラブリにとっては定住化の歴史のなかでおこなってきた説得工作のひとつにすぎなかった、という応答で充分である。そうはいっても、映像作家として『森のムラブリ』を撮影して編集したぼくとちがい、伊藤さんは曲がりなりにも学者なので、どこまで研究対象であるムラブリの社会に踏みこんでいいのか、という逡巡はあったのだと想像される。現にこの映画を撮影していた二〇一七年から一八年にかけて、伊藤さんは大学の専任講師という立場であったが、必ずしもこの映画がその原因のひとつになっているとは思わないが、その後、大学の職を辞して独立研究者になっている。

もうひとつ、『森のムラブリ』のラストシーンについてよく聞かれるのは、「いがみあうムラブリのふたつの集団を会わせることはできたわけですが、その後はどのように進展しているのでしょうか」ということだ。これに関しては、映画が完成した二〇一九年十一月以降、年が明けてからすぐに全世界的な新型コロナウィルスのパンデミックがはじまったため、ぼくたちも現地にいって確かめることができずにいる。その後、タイのBACC（バンコク芸術文化センター）でこの映画を上映することになって、二〇二二年七月にバンコクを訪問した。そのときには、熱帯気候のタイで人びとがきっちりとマスクをする習慣を身につけていることに驚いた。タイ側のフワイヤク村では、ムラブリたちですらマスクをつけさせられるくらい、タイ政府や社会における感染対策は徹底していた。

実は映画のラストシーンには編集上、組みこまなかったできごとがいくつかあった。最後に登場するウォンさんのほかに、同じ家には年長のサックさんとキットさんが一緒に暮らしていた。その様子は映画の冒頭のシークエンスで描いている。しかし、フワイヤク村のムラブリを連れてドーイプライワン村を訪問したとき、異なる集団のムラブリがくると知ったふたりはすでに森のなかに逃げてしまったあとだった。そして、家で昼寝をしていたウォンさんだけが逃げ遅れて、世紀の対面を果たすことになった。その証拠にラストシーンのウォンさんはあくびをしたり面倒くさそうに話を聞いていたり、始終眠そうにしている。

両グループの対面は一時間か二時間くらいつづいたか。そんなウォンさんではあったが、最後にフワイヤク村の人たちが帰る段になると、何個かもぎたてのトウモロコシをおみやげに持たせてくれた。ウォンさんに別れの言葉をいい、モンの集落から少しはなれた高台にあるムラブリたちの小屋から坂をくだって、川沿いに停めてある四駆のジープまで歩いていった。そして、みなが車の後部座席や荷台に乗りこんでいるときのことだった。一緒にきた中学生くらいの少年が「あいつら、おれらと言葉がちがった、やっぱり人食い人種だったんだ」と叫び、おみやげにもらったトウモロコシふたつを川に投げ捨てたのだ。あれだけ懸命に口説いていたように見えたロンさんも、「おそらく、日雇い労働をしているというのは嘘で、モンの人たちも彼らのことをよく思っていない様子。ご飯がなかったら我慢をするだけのあわれな人たちだ」と悪口をいいはじめた。まさに同族嫌悪とはこのことをいうのか。長年にわたってたがいを危険視していがみあってきた人たちも、顔をあわせて話してみることで和解がはじまるのではないかとぼくたちは想像していた。しかし、彼（女）らのなかの先入観は、たった一回のセッションくらいで融和にむかうような簡単なものではなかった。それでも、あのできごとによって、ふたつのグループが歩み寄っていく入り口くらいには立ったのではないかと信じたいものだ。

ラオス側の探査行

タイ北部のフワイヤク村に入ってから、しばらくが経った。伊藤雄馬さんたちが建てた小屋の床板のうえに寝袋を敷き、寝づらくて何度も寝返りを打つ夜に、正直なところぼくの体は悲鳴をあげていた。そこで、いったんナーンの街なかにある常宿のホテルにもどって、ベッドのやわらかさを堪能した。栄養価の高い食事をとって英気を養ったあと、バスで北上してフワイコンのタイとラオスの国境を越えることにした。ちょうどナーン県からラオス西部にかけてある山岳地帯を、ぐるっと迂回するようにして移動し、ラオスのサイニャブリーの町に着くまで十数時間かかった。ラオス側に入った途端、天才的な言語能力を持つ伊藤さんがラオ語を話しはじめて、ムラブリの出没情報をもっていると見られる地元ラジオのディスクジョッキーに電話をかけたり、旅行会社に話を聞きにいったり、森の奥に棲むムラブリたちが目撃された村を懸命に探すことになった。

話は少し飛ぶが、二〇二一年十一月にメキシコのユカタン半島でおこなわれた「ＩＵＥＳ先住民・民族誌映画展」で『森のムラブリ』が上映されたとき、その頃は新型コロナウィルスの流行中でメキシコに渡航することができなかった。映画の上映後にオンラインのティーチインの時間が持たれて、人類学や民族誌の専門家たちが集まるなか、「映画の後半は、なぜテレビの探検番組みたいになっているのですか」とひとりの研究者から質問された。彼は人類学者だったので民族誌映画がおもしろいことに不満をもっており、ぼくが劇的に見せるように構成していると考えたようだ。「多少、映画をおもしろくするために構成した面もあるけれど、実際にこれがラオスでムラブリを探したときに起きたことなんです」とぼくは説明した。

その言葉に嘘やいつわりはなく、本当に会えるかどうかもわからないムラブリを探して、伊藤さんとぼくのふたり組は、彼（女）らの目撃情報を集めるところからフィールドワークをはじめたのだった。ムラブリが棲むとされるラオスの国立生物多様性保全地域の山岳地帯へいっても、南北数十キロにわたって広がる原生林を前にして、彼らに会える保証はどこにもなかった。森の漂泊者たちに、事前に調査や取材のアポイントをとる方法など存在しないのだ。ムラブリが里におりてきて物々交換をするといわれるA村とB村が、調査地の候補にあがった（サイニャブリー県におけるムラブリたちの伝統的なノマド生活を保存するため、研究者や観光客が殺到しないように村の名前は伏せておく）。ラオス人の長距離タクシーの運転手と相談して、ひとまずB村にいってみることにした。A村は途中から砂利道になるので、車でいくのが大変だが、B村までであれば舗装道路があるので、ひとまず車だけでいくことができるという。

ところが、ぼくはここがタイではなくラオスだということを忘れていた。移動中にスマートフォンで写真を撮っていたあいだはよかったが、トラックの荷台で大きめのヴィデオカメラをだして田園風景を撮っていると、運転手が「お前たちはいったい何をしにきたんだ」と騒ぎはじめた。社会主義国や独裁色の強い政権を持つ国家では、何か見慣れないことがあると、すぐに市民が当局に密告する習慣がある。このときは「少数民族の文化を研究しにきただけだ」と説明したが、運転手は「地元のお偉いさんに許可を得る必要がある」といいはり、大きな田舎家に連れていかれた。それから地元のサイニャブリー県の観光局の役人に電話をしたり、有力者の家にいって人に会ったりして「研究のために撮影するのはかまわない」ということになったが、一歩まちがえれば撮影は中断されかねなかった。

B村は街道沿いにある小さな村だった。百世帯ほどの農家が、米をつくり、畑をやり、川で魚をとって、店はあるが自給自足に近い生活をしていた。このひなびた農村で、ムラブリが山からおりてくるのを待つことになった。村には宿などないので、ティット・レーンさん（約七十四歳）という農家の世話になった。犬やニワトリやアヒルを放し飼いにしている農家の庭先で、ホースから直接冷たい水を浴びるのがシャワー代わりだった。女性たちは夜暗くなってから浴びるという。日が暮れると、農家の居間で老夫婦と長男のペングさん（二十八歳）夫妻とともに、言葉のわからないタイの番組を観てすごした。ラオスの国営放送は一日の半分くらいのあいだニュースを流すくらいの番組しかつくっていないので、ラオスの庶民は言葉がなんとなくわかるという程度のタイの番組を観ていた。冷たくて固いコンクリートのうえに茣蓙《ござ》を敷き、寝袋一枚で眠るのは仕方なかったが、客用の蚊帳がひとつしかなかったので伊藤さんとふたりで肩を寄せあって寝た。

食事も郷に入れば郷に従うしかない。タイの東北部のようにもち米を炊き、それを手でにぎって餅状に練り、ゲーンパックという野菜スープにつけて食べたり、クアシンと呼ばれる豚肉のソテー、オッパーという魚のスープと一緒に食べているあいだはよかった。地元で「レン」と呼ばれる野生の大きなトッケイ（オオヤモリ）を、トウガラシや野菜と煮こんだスープがでてきたときには、さすがに驚いた。年老いた奥さんが庭で、変な生き物をぶつ切りにする姿を目撃していたので、「今夜の夕飯は怪しいな」と警戒をしていたところだった。黒い爬虫類の皮とゼリー状の軟骨から少ない白身の肉をはがしながら、食感はまあまあ鶏肉に似ているのかと思って、あまり味わうことなく飲みこんだ。帰国後にヤモリ料理の話を知人にしたところ、「人間は何だかわからない肉を食べるとき、脳内で自動的にそれを鶏肉に変換するもんだ」といわれて、さもありなんと思った。そのときはラオカオというアルコール度数の高いもち米の蒸留酒を飲んで、酔い心地になったところで、トッケイの皮と肉を胃のなかに流しこんでいった。

ティットさんの家からは乾燥して砂ぼこりの舞う農道が見え、そのむこうには対照的に繁茂している緑の密林が遠くに見えた。夕方になると、庭で昆虫や爬虫類の声がざわつき、遠くの野山に集まる鳥たちの声とともに多声的なオーケストラ演奏がはじまるのだった。夕景の定番となった音楽に耳をすませながら、「このまま村に滞在していてもムラブリには会えないのではないか。こちらから森に出向くしかないのではないか」と伊藤さんと話しあった。ティットさんの話では、

B村からもっとも近いムラブリの野営地はフワイハンと呼ばれ、徒歩で三時間から六時間くらいの登山ルートである。その先にフワイホイやフワイサナーやフワイヒーと呼ばれる野営地があり、C村まではおよそ四十キロ、森の反対側のA村までは六十キロくらいの距離があるという。そのあいだをムラブリは徒歩で移動して行き来しているので、彼らがどこにいるのかは誰にもわからない。二月は乾季で比較的歩きやすいとはいえ、外国人が山のなかで遭難したら命の危険にかかわる。

ムラブリとの邂逅

どれくらいの山岳地帯で、どのような密林なのかを下見するために、ティットさんに森の入り口まで案内してもらうことにした。ティットさん、伊藤雄馬さん、ぼくの三人で土ぼこりの舞う農道を歩いていると、肌が浅黒くて目のギョロッとした三十代くらいの男が森のほうから歩いてきた。半袖のシャツにジーパンという軽装で、何時間も山道を歩いてきたはずなのにサンダル履きというのが驚きだった。褐色の肌で細い目つきをしたラオ人のティットさんと比べると、さらに肌の色は濃く、大きな二重のまぶたが特徴で、森のなかから別の民族がおりてきたことが一目瞭然だった。それがラオス側に暮らすムラブリのカムノイさんだった。タイ側で会ったムラブリ

森からおりてきたカムノイさん

たちと同じ民族であることは、DNA検査をするまでもなく、その姿かたちで何となく見わけがついた。カムノイさんは森で生まれたので正確な年齢はわからないといった。伊藤さんがムラブリ語で話しかけても理解できないようで、彼は母語を失ったラオ語の話者になっていた。

その日の夕方、カムノイさんがティットさんの家にあらわれたときには、すでにラオカオをしこたま飲んで酩酊していた。ティットさんと伊藤さんが、ムラブリが森のどのあたりにいるかを聞きだそうとするのだが、「フワイハンにいるはずだ」というだけで面倒くさいのか詳しく教えてくれない。地元の言葉でメナムハンといえばメナム川のことで、「ハン」は支流や小川のことを意味するから、川の近くにある野営地だと想像される。ムラブリが村で食事代や酒代を払うことはまったくなく、森からおりてきた「まれびと」であるカムノイさんには、ラオ人から無料で食事やラオカオ酒が提供されているようだ。彼は酔い心地のいい気分になって、ラオ語で即興的な歌をいろいろとうたっていた。ラオ語でうたってはいるが、目の前に見えるものやそのときの気分を即興的にうたうのはムラブリのスタイルであるらしく、両者のハイブリッドによる即興歌であるといえた。

酔っ払ったカムノイさんは、伊藤さんやぼくに「森のなかで音楽を聴きたいから携帯電話を買ってほしい」と頼んできた。当然のことながら、携帯電話《ガラケー》をもっていたとしてもムラブリたちがいる森のなかでは電波が通じることはないので、電話をしたりメールやインターネットをしたりすることはできない。それでは何につかうのかというと、携帯電話のメモリーのなかにラオスの流行歌などの音楽ファイルを入れてもらい、それを森のなかでくり返し聴くことがムラブリの楽しみのひとつになっている。そうやってつかっていれば、いつかは電池切れとなる。森のなかでは充電することはできない。そうすると、ムラブリは数時間をかけて山をおりてきて、またB村にきて電話を充電してもらう。「ぼくたちを森の野営地まで連れていってくれたら電話を買ってあげよう」と約束した。それで、カムノイさんに原生林を案内してもらえると思ったのだが、朝起きるといなくなっていた。ムラブリがまったくの自由な遊動の民であることを身をもって理解した瞬間だった。

われわれはラオ人の気立ての良さには度々感嘆した。なるほど彼らはピー・トング・ルアング族に関しては知ったか振りの顔で微笑したけれども、彼らのためにどんな仕事も不平をいわずにやった。彼らはピー・トング・ルアング族が一日中怠けているのを眺め、自身たちに充分食糧のないときでも彼らに自分の肉や米を静かにもっていってやった。(……)

　このように大切に扱われたにもかかわらず、ピー・トング・ルアング族は依然として打ち解けず、よそよそしかった。彼らは決してミャオ族やラオ人の仲間に入らなかった。[*5]

　ベルナツィークは初めてムラブリと邂逅したときにこのように書いたが、彼が観察したことは八十年後でも大きくは変わっていない。ぼくが見たムラブリとラオ人の関係は、おおよそベルナツィークが書いたとおりだった。森の案内人として当てにしていたカムノイさんが風のように姿を消したので、伊藤さんとぼくは少なからず動揺した。ムラブリは村にいるときでも、森のなかにいるときのように自由だった。彼らと待ちあわせをしたり、約束を守らせたりすることなど誰にもできまい。それがノマドのノマドたる所以《ゆえん》だった。彼はいなくなってしまったが、いったいほかの誰がぼくたちを森のなかに案内できるというのか。

　そんなふうに途方に暮れているところへ、別のムラブリが山岳地帯からB村へとおりてきた。十五歳くらいの少女であるナンノイさんと十二歳くらいの少年ルン君である。「今度はムラブリの子どもがあらわれた！」という知らせを受けて、伊藤さんとぼくはあわててティットさんの家をでた。今度こそは見失うまいと必死だった。対照的に、ムラブリの女の子と男の子は大変のんびりと農家の軒先を何軒かまわって、ラオ人がビニール袋に入れたもち米をもらって歩いていた。ところが、少し様子がおかしい。ベルナツィークの本やほかの論文で読んだように、山からとってきたものと物々交換するのではなく、ただもらっているのだ。しかも、まったく悪びれる様子もなく、礼もいわずにそれを受けとっていた。ルン少年はラオ人のおばさんから、もち米の入ったビニール袋を受けとりながらいった。

「うるち米はないの?」

「ああ……」

「うるち米は?」

「ないわよ。もち米だけで我慢しなさい」

その答えがおもしろかったのか、ルン君は大笑いした。今度ばかりはムラブリを逃がすまいと、ぼくたちはムラブリの子どもから片時もはなれないことに決めた。田舎道を歩きながら、伊藤さんがラオ語でルン君に「学校にはいかないの」と尋ねる。すると、ルン君は「ここよりも森のなかのほうがずっと涼しいよ」と答えた。地元の人たちにあとで聞いたところ、B村と、彼らがいるP山のむこうにある森のなかを比べると、体感でだいたい三度から四度くらい涼しく感じるだろうとのことだった。

ナンノイさんとルン君は一軒の農家の前までくると、何のあいさつもなしにまるで自分の家に入るかのように当たり前に入っていった。ラオ人の農家の主婦もそれが当然という様子で、ムラブリたちの頭陀袋《ずだ》にもち米や香草を入れてやる。ルン君はもらいタバコをして火をつけ、「今回は山から何ももってこなかったのでタバコを買う金がない」と平然といい、自分がいったことがおかしかったらしく笑った。ふたりともその年齢ですでにタバコのニコチンに依存してしまっている。ナンノイさんはよく痰を絡ませて、おっさんみたいにペーッとそこらじゅうに吐き捨てた。その家の主婦にインタビューをしてみると、「ムラブリは村におりてきて米などをもらい、酒を飲んだりタバコを吸ったりして、また山のなかにもどっていく。この家にきても何をするのでもなく、ただぶらぶらしているだけ。好きなときにきて好きなときに帰る、そんな自由な存在なのよ」と笑って話した。

B村のラオ人とそこにあらわれるムラブリのあいだには、ふしぎな共存関係が成り立っていた。ラオ人も仏教徒であるが、タイ側のように貧しいムラブリを援助することで功徳を積もうという雰囲気は微塵も感じられない。ラオ人の主婦に「どうしてムラブリにただで食べ物をあげるんですか」と聞いたところ、彼女はきょとんとして「自分たちがもっているのだから、もっていないムラブリにあげるのは当たり前でしょ」と答えた。この主婦の言葉にすべての答えが集約されているように思えた。ラオスの田舎の村にも、まだ貨幣経済にどっぷり浸りきっていない、むかしながらの助けあいの共同体がいきているのだ。それはかつての日本列島にも、沖縄の「ゆいまーる」にも、ほかのアジアの国々にもいたるところに見られた相互扶助の精神である。海辺に暮らす漁師であれ、山奥に暮らす狩人であれ、農村に暮らす農民であれ、今日は獲物や収穫に恵まれ

吊り橋を渡るナンノイさん

たとしても明日のことは誰にもわからない。自分がいつ助けてもらう立場になるかわからないので、持っているときは持たない人と食べ物をシェアする。そうすれば、まわりまわって結局はきたるべき未来の飢えから自分が守られる。

翌日、ナンノイさんとルン君がP山のむこうにあるフワイハンの野営地に帰るというので、山の入り口まで見送りにいった。ときどき、農作業から帰ってくるラオ人のトラクターや材木の伐採からもどってきた小型トラックとすれちがう。材木や竹をロープで束ねただけの不安定な吊り橋を渡って、川のむこう側へ渡ると、もう誰ともすれちがうことはなく、そこはもう森の住民たちの世界だった。B村ではダラダラと怠けているだけに見えたムラブリの子どもたちが、山歩きになると急にいきいきとしてくる。ヴィデオカメラで撮影をしながら歩いていると、どんどん背後に置いていかれそうになる。

山道で再会したルン君、ナンノイさん、ミーさん

しばらく歩いていると、背中と肩に枝を背負った初老の女性が山からおりてきた。背が低くて肌が黒く、大きな瞳をしていた。ナンノイさんとルン君はそれを見て、「ミーさんだ！」と喜んで駆け寄っていく。人っ子ひとりいない山道で、誰かと行きあうことほど心がおどるような経験はない。ミーさんは五十代から六十代くらいの年齢で、カムノイさんのお母さんだという。背中にはノックブンと呼ばれる、芽が食べられる若竹の一種を数本背負っており、肩に乗せている木の幹はタオと呼ばれるサゴヤシの幹だった。ノックブンは三本で五千キップになる。それを村で物々交換して、タバコ、お菓子、アイスなどに交換するようだ。もち米やうるち米は交換というより、ただもらっている様子であるが。ミーさん自身は村に泊まることはなく、里外れにある野営地で一夜をすごすという。こんなところにも、むかしから警戒心がつよく他の民族を簡単には信用しない、

ムラブリらしいマインドが見てとれる。それにしても、ビーチサンダルを履いただけの軽装で、荷物を背負って数時間かけて山をおりてきたミーさんの姿に狩猟採集民の脚力のすごさを見た。

それから少しのあいだ、登ったり下ったりをくり返す蛇行する山道を歩いていると、徐々に陽が傾いてきた。すでに太陽は山の尾根に隠れている。伊藤さんとぼくはラオ人のガイドを連れておらず、ちゃんと登山の支度をしないまま、ムラブリの子どもたちと一緒に山を登っていくのは危険極まりない。小さな小川の前まできて、ぼくたちは引き返すことに決めて、ルン君にお別れをいった。すると、たった一日を一緒にすごしただけなのに、見る見るうちに彼の目に涙がたまってきた。このような純朴でストレートな感情表現もまた、森の民の性質なのかもしれない。伊藤さんは手を差しだして、ルン君と握手をした。

「ぼくたちはここで引き返さなくちゃならない」

「フワイハンに訪ねてくるよね?」

「うん、後日きっと訪ねていくよ、約束する」

思春期のせいか、それとも性格なのか、他人にあまり懐こうとしないナンノイさんは、タバコを吸いながら、さっさと小川を渡っていった。ルン君は後ろ髪を引かれるように、何度も何度もぼくたちのほうを振り返りながら浅瀬のなかを歩いていった。ゾミアの原生林のなかで十数名のグループで暮らしていると心細いこともあるのだろう。次第に森の奥へ消えていくルン君の後ろ姿を見送りながら、登山隊を組織して彼らの野営地を訪ねようと心に誓った。

山岳地帯にわけ入る

ぼくたちがカムノイさんやその母のミーさん、ナンノイさんやルン君といったムラブリにB村で出くわすことができたのは本当に運がよかった。ちょうどこの村の近くにムラブリが野営している時期にB村にくることができたのだから。その一方で、本来は森の民である彼（女）たちが、これだけ頻繁に村へおりてきているということは、それだけラオ人の村への依存度を深めている状態だともいえる。

さて、ここからが問題だった。ぼくたちがムラブリの誰かにふらふらとついていき、山のなかで彼（女）らの姿を見失えば遭難することは火を見るより明らかだ。ここはラオスの田舎であり、近くに交番や山林警備隊の姿を見かけたことはなく、誰も救助にはきてくれない。いくら熱帯の温暖な気候だからといって、山のなかで食料を手に入れることができなければ生きていけない。それこそが、ムラブリとぼくたちの大きなちがいだった。

ムラブリのドキュメンタリー映画を完成するためには、二十一世紀の現在に森のなかでノマド生活をつづけるラオス側の集団の姿をカメラにおさめる必要がある。困ったことに、肝心の伊藤雄馬さんが登山に乗り気ではなかった。「どうやって山を登ろうか」と相談を持ちかけると、伊藤さんは弱気になって「無理に山に入らなくてもいいのではないか」と答えた。よくよく話を聞くと、伊藤さんは言語学者なのでB村でラオス側のムラブリに会い、彼（女）らと話すことができて、ある程度満足していた。しかも、ここで出会った四人はラオ語の話者になっており、ほとんどムラブリ語を理解する様子がない。ひとりの例外が年輩のミーさんだったが、彼女はムラブリ訛《なま》りのラオ語を話すらしく、伊藤さんも手を焼いていた。初めて山道でミーさんに邂逅したとき、彼女と意思疎通することはむずかしかった。

肝心なところで臆病に振るまう若手の言語学者は、まるでムラブリみたいだった。このような手合いは行動する前に、頭のなかでいろいろと考えてしまい、尻でも叩かなければ動こうとはしない。ここでも運命を切りひらくためには「働きかけ」をしなくてはならない。庭で稲わらを干していたティット・レーンさんをつかまえ、ムラブリたちがいるフワイハンの野営地までどれくらいの距離があるのか、伊藤さんにきいてもらった。ぼくはかたわらで静かにヴィデオカメラをまわした。

「フワイハンまでどれくらいかかりますか」

「とても遠い。徒歩だったら三時間以上はかかる」

「いったことはあるんですか」

「あるさ」

「道はどんな感じですかね」

「山道で、すごくせまい」

ティットさんが野営地までいったことがあるというので、ふつうに登ることができる場所なのだと安心した。しかし、三時間以上というのは彼らの足でという意味だった。実際にぼくたちが登ったら、たっぷり六時間はかかることになったのだ。交渉が必要になった。最初はティットさんに道案内を頼んだが、年寄りだからと断られて、息子のペングさんがいってくれることになった。ひとりでは、ぼくたちのつかうテントや食料を運ぶのが大変だし、安全面からももうひとりいたほうがいいということで、ペングさんの妻の兄であるソムさんがついてくることになった。いったん決まってしまうと、彼らの準備は早かった。酒に酔ったあとで森のなかに消えたカムノイさんと、涙を流して別れたルン君やナンノイさんのあとを追って、国立生物多様性保全地域の山岳地帯を一路、P山を登り、いくつかの峰を越えてフワイハンへむかうことになった。

B村から農道を歩き、川を渡って、原生林のなかを土がむきだしになった山道を歩いていく。山の起伏に沿って右へ左へと蛇行し、ときには上り坂に、ときには歩きやすい下り坂になって、ほとんど人間の手が入っていない森の領域へと導かれていく。小さな峰をひとつかふたつ越えたあと、見晴らしがいい場所にでた。額の汗を拭きながら、歩いてきた道を振りかえった。大きな池と川があり、そのむこうにB村らしい人家が遠くに見える。「おーい」とガイドのペングさんが大きな声をあげた。急いでいってみると、森の一部が鉈で刈り倒されたような空間があった。そこに黄色い袋に入った服が散乱している。

「誰かがここで寝たみたいだ」とペングさん。

「焚き火のあとがある。それから塩も残っている」とソムさんが指摘して、登山用に切りだした杖で袋の中身を確かめる。

「いったい誰が」と伊藤さんがきく。

「うーん、ミーさんかな」とペングさんが答えた。

本格的に登山道に入ったのか、山道の勾配が急になってきた。まともに一歩一歩登ったら、すぐにひざが笑ってしまう。道を斜めによぎるようにして、ジグザグに登っていった。しばらくすると、ラオ人のガイドからだいぶ遅れていた。本道からそれるように、人間ひとりが通れるくらいの脇道があり、奥から何やら話し声が聞こえる。背の低いシダ科の植物、鬱蒼と生い茂る笹や竹のやぶ、そこから顔をだすバナナの木。そんな森をかきわけて脇道を進むと、その先に掘っ建て小屋があった。太めの幹を柱として建てて、斜めに竹の骨組みを立てかけてある。骨組みのうえに何重にも常緑のビロウ（沖縄ではクバ）の葉を重ねて、風よけにして屋根を葺《ふ》いている。ビロウの葉はドライフラワーのように枯れてベージュ色になっていた。バナナの葉をつかっていないが、タイ側のフワイヤク村で見せてもらったムラブリの風よけと構造が同じだった。

そこは五、六人が入ると、いっぱいになってしまう広さだったが、日陰になっていて休憩するには充分だった。床には板もじゅうたんもなく、ミーさんは地べたに直接かがんでいた。ミーさんもカムノイさんも村に泊まることなく、B村で物々交換にきたときには、徒歩で四十分か五十分ほど森に入ったこの野営地で寝泊まりする。その証拠に、地面には鉄の鍋が転がっており、果物の食べかすが捨ててあった。板のうえに誰のものとも判別のつかない無数の服が散乱している。ラオ人ふたりがミーさんにいろいろと尋ねる。それによると、ミーさんは息子のカムノイさんを見ていない。この場所に立ち寄ってから、どこかへいったのだろうという。ブンさん（ルン君の父親）たちは、川の近くにあるフワイハンという野営地にいる。ミーさんは切りひらかれた山道を通ると、折れ曲がって遠まわりになるので、森のなかをまっすぐ登っていくという。ミーさんは、先日村の近くで会ったときの、小声でぶつぶつとわからない言葉を話す森の民とは別人のようで、大きな声できびきびと身ぶり手ぶりを交えて話した。森のなかにいるだけで、ムラブリの態度はこんなに異なるのかと感心した。

　幸先のよいスタートだった。森へ帰っていくミーさんを道案内人にすれば、ぼくたちはやがてフワイハンの野営地にたどり着く。頭ではそのように了解したものの、道のりは険しいものだった。急峻な山道を少し登っては、熱帯の照りつけるような陽光によって熱中症にならないように気をつけて、休みをとり水分を補給する。ぼくは十年ほどジョギングをつづけており、ジグザグ歩行をしているので大丈夫だったのだが、ひとまわり年下の伊藤さんが先にへばっていた。ミーさんはB村からのみやげをいっぱいに詰めた頭陀袋を背負い、Tシャツにジャージ、ビーチサンダルという軽装で歩みを進める。ぼくたちは杖をつき、滑りやすい土の坂道を、一歩一歩重力に逆らって踏みしめていく。

そうやって四時間くらい登ったか。山道の途中でミーさんとラオ人のガイドがぼくたちを待っていた。ミーさんが森のほうを指さして何か話している。何の変哲もない場所なのだが、よく見ると幅三十センチほどのけもの道が森のなかにつづいていた。通訳は必要ない。このショートカットを進むといっているのだ。村からここまでの道のりは一応、道になっていた。引き返せば、何とか自力で村までもどれよう。だがこの先の森は、ムラブリやラオ人のガイドとはぐれたら一巻の終わりだ。コンパスもなく、スマートフォンの電波も通じず、無線機ももっていないぼくたちが遭難することはまちがいない。そのことはガイドのふたりも重々承知していて、ぼくや伊藤さんを前後にはさむようにして進んでいく。

森のなかは体感で数度は涼しいようだ。B村のまわりは熱帯雨林であったが、山の高地になるとビロウやバナナよりも、竹の割合が増えてきて、日本列島の山奥を彷彿《ほうふつ》とさせるところもある。ぼくたちは一緒くたに「竹」と呼んでいるが、そこには真竹や孟宗竹や熊笹などさまざまな種類があり、ムラブリ語には約十種類くらい「竹」を指す言葉があって、その微妙な種類を区別しているという。自分たちに身近なものの存在は、言葉によって細かく分節化されるのだ。隊列はミーさんを先頭にして進む。山の傾斜面になった森のなかで、ぼくの目には道があるのかないのか判然としない不可視のけもの道を、木の枝を踏みしめたり倒木をまたぎ越したりする。大樹をよけて坂を下ったかと思うと、すぐに若竹のやぶを登る。ぼくは躓《つまず》きそうになりながら、ヴィデオカメラが揺れないようにしっかりと両手で持ち、広角レンズでミーさんの後ろ姿を追っていくので精いっぱいだった。

ミーさんもそれなりに肩で息をしていた。休憩時間になると「先日、この道をおりてきた。今日は同じ道を登っている」と指でさしてくれるのだが、そこには森のなかにやぶが漫然と広がるだけで、いったいどこに「道」があるのかは判然としない。そうやって休みを入れながら、山道を二時間くらい歩いたのか。突然に森が途切れて、幅が一・五メートルから二メートルほどある山道にぶつかった。「もうすぐよ」とミーさんにいわれ、坂道を川にむかっておりていく。そこは川の近くに広がる鬱蒼とした竹林といった風情で、川から少し高台になったところにフワイハンの野営地があった。B村から険しい道を五、六時間歩いて、ムラブリが野営するもっとも近い場所にたどり着いたのだった。

フワイハンの光景

フワイハンはフワイ川の近くという地名である。目にとまったのは、ミーさんがほかの家族から三、四十メートルはなれた竹林のなかに風よけをもっていることだ。地面に細い竹を斜めに四、五本さして、ビロウの葉を何枚か重ねて風よけにしてある。それだけでは雨が漏れるのか、うえからバナナの葉を重ねて防水処理をしている。地面にはビロウの葉を敷いただけ。風よけの前に

ミーさんの風よけ

は虫よけと煮炊きをするための焚き火がある。大人が二、三人座ったらいっぱいになる広さで、ちょうどミーさんひとりが横になれる空間。電気、ガス、水道がないのは当然だが、家も壁も敷居もカーテンも蚊帳も何もない。半分地面に埋もれている倒木が、ミーさんが腰かけたり寄りかかったり足を乗せたりするために利用されていた。あとは数日分程度のTシャツや衣服を入れた袋が三つ四つならんでおり、水をためておくプラスチックの容器と鍋があるくらい。都市生活者であるぼくたちからしたら、なんとも心もとないキャンプ生活に見える。「人間とは、こんなに何も持たなくても生きていけるものなのか」と瞠目するばかりだった。

森のなかのノマド生活において寝床をつくるときに、ミーさんがほかの家族からはなれた場所に野営するのには、それなりの理由があった。もともとミーさんは、このバンドの人ではなく、息子のカムノイさんがこの集団のリーさんと結婚したから、行動をともにしている姑《しゅうとめ》の立場なのだ。しかもムラブリ同士の会話から、ミーさんの両親や夫が遠くにいってしまった（＝亡くなってしまった）ことが判明したので、未亡人である。あるときリーさんがミーさんに対して、ラオ人のペングさんを指さして、「このラオ人、いい男じゃない。義母《かあ》さんの寝床に一緒に寝かせて（＝夫婦関係になる）やったら」と冗談まじりに笑っていった。そのことが意味するのは、ミーさんは相手さえいれば年齢に関係なく、いつでも再婚が可能だということだ。

そこから川のほうへ坂道をおりていくと、竹林にぽっかりと空いた広場があった。太い樹木を柱代わりにし、斜めに組んだ竹竿を骨組みにして、そこにビロウの葉と青いビニールシートを乗せて屋根にしている。二家族と男性ひとりが住んでいた。地面にはビロウの葉やバナナの葉を敷いて、じゅうたんや寝床にしている。レックさんは三十歳以上で、奥さんは長い黒髪が自慢のマイさん。長女が村で会ったナンノイさんで、下に三歳くらいの小さな妹がいる。寝床の前に焚き火があり、虫をよけるために火を絶やさない。林で焚き木を集めてくるのはナンノイさんの仕事になっているようだ。そのすぐ横でレックさんの弟のブンさん（三十歳以上）一家が暮らしている。奥さんはナンさんで、ルン君はブンさんの息子さん。その下に三歳くらいのマックという女の子と弟がいる。この一家では、魚とりから飯炊きまで、ルン君が家事全般をきびきびとやっている姿が印象的だった。ということは、ナンノイさんとルン君は年齢の近いいとこ同士ということになる。

「B村にはいったことがある。しかし、六十キロほどはなれたA村にはいったことがないな。でも、サイニャブリー県の大きな町にはいったことがあるよ」

ブンさんにインタビューをしたところ、そんなふうに語ってくれた。伊藤雄馬さんによれば、この県では観光目的で大々的に「象フェスティバル」なるものが開催されている。付近には象の飼育場がたくさんあるのだが、そこから集めた象が一堂に会して、人びとが象と触れあうことができる機会になっている。そのお祭りの余興としてムラブリが呼ばれることがあり、森に暮らす人としてラオ人のあいだで見世物のようになることがあるという。そのようなかたちで都会の生活に触れたとしても、便利を求めて都市で暮らすよりは、もとの静かな森にもどることを選ぶのは当然のことだ。

ブンさん一家の横でひとり暮らしているのが、四十代くらいに見えるスワンさん。この方の奥さんは亡くなったそうで、夫婦のあいだに子どもはなかった。レックさん一家、ブンさん一家と並んで寝起きしているので、親戚か姻戚関係にあるのだろうが、詳しい関係は聞きだせなかった。この集団では主にラオ語がつかわれていたが、スワンさんはバンドのなかでも年長者で、比較的ムラブリ語をおぼえている人だった。ムラブリ語のグループ間の方言の差を研究調査している伊藤さんが、ノートを片手にムラブリ語で話しかけるとき、スワンさんが相手になっていた。

「〝肩に担ぐ〟は、あなたたちのムラブリ語で何といいますか」と伊藤さんがきく。

「ベーク」とスワンさんが答える。

頭陀袋を背中に担ぐ身ぶりをしてみせて、伊藤さんがふたたび尋ねる。

「〝背中に担ぐ〟は？」

「ケンアクドゥット」とスワンさん。

五メートルくらいはなれて、二十代から三十代くらいのリーさんが、小さい息子と娘と暮らす風よけがあった。同じように数本の竹竿を斜めに組み、ビロウの葉を屋根にした伝統的な風よけである。ほかの家族は洋服を袋に入れたり、洗濯して干したりしているが、リーさんの家ではビロウの葉のうえ一面に、子どもの服やパジャマが散乱していた。樹木と樹木のあいだに紐を結んで、洗濯物を干している様子は、ヴェトナム戦争の映画で観た米兵のキャンプにそっくりだった。小さい子どもたちは丸裸か上半身だけ服を着ていて、下半身は何もつけていない。そうしていれば、いつでも森に入って排尿や排便を済ませられる。リーさんはカムノイさんの奥さんだが、ちょっとした事件があって、カムノイさんは川に近いところに新しい寝床をつくり、家族とは別にひとりで寝起きしていた。この件に関してはのちほど詳述する。以上のように、そのときは四人家族が三世帯と独身の男女から成る、合計十四人がフワイハンで野営していた。

少し歩いて川原におりていくと、興味深い光景が目に入った。ぼくたちと一緒に山登りをしてきたミーさんが、体に布を巻いて、川の瀬で水浴びしていた。長い黒髪に石鹸をつけて頭を洗い、前屈して川の水できれいに洗い流す。川の上流なので大きな石が多く、水がたまる場所はいくらでもある。ミーさんは先ほどまで着ていたTシャツをじゃぶじゃぶと洗いはじめた。山奥ではあるが、清流のそばで生活しているので、ムラブリの女性たちはいつも小ざっぱりとした格好をして清潔好きに見えた。ミーさんに触発されたのか、長袖のシャツにジーパン姿のままで、ルン君が急に川で頭を洗いだした。特に洗濯する時間や風呂に入る時間は決まっておらず、思いついたときにそれをすればいい。ムラブリの自由さに感じ入り、じっとその姿をながめていた。

やや下流のところに、蛇行する川の淵が深くなって、水が滞留して濁っている場所があった。カムノイさんがジーパンを脱いで、下着姿で静かに入っていく。ラオ人から手に入れたのか、小さな重しのついた幅が数メートルほどある魚網を、魚が潜んでいそうな場所に仕かけていく。魚が知らずに泳ぐと、細い網に引っかかって身動きがとれなくなるのだ。ひと仕事を終えると、カムノイさんは川原に座ってB村からもらってきたもち米を広げた。ルン君もやってきて、ラオ人のようにもち米をにぎって弾力をだし、トウガラシのソースにつけて口に放りこむ。伊藤さんに通訳してもらい、「酔っ払った夜はどこにいったのか」と質問した。

「森のなかで眠って、昨日、帰ってきたんだよ」とカムノイさんはいう。

カムノイさんの話によれば、村でしこたまラオカオの酒をごちそうになり、ご飯を食べたり歌をうたったりご機嫌にすごしたあと、彼は村の近くの野営地に泊まったという。それからP山を登ってフワイハンまで帰ってきたのだが、そこで大変なことが起きた。そのことを伊藤さんとぼくはルン君の口から聞くことになった。

「奥さんと別れたから、これでいつでも村へいってお酒が飲めるよね。でも、お酒やご飯を持ち帰ってきて、みんなで川で食べるほうが楽しいよね」

ラオ人のペングさんやソムさんから笑い声が起き、カムノイさんもにやにやと苦笑いをする。子どもは大人たちのそばにいて顔色をうかがい、そこで何が起きているのか、どんな感情が渦巻いているのか、理解しようとする。そして、家庭内の不和や親戚のなかで問題が起きたときには、さりげなく大人たちをたしなめて仲直りをするようにうながす。子どもが繊細に立ちまわることは、森の民でも変わることはない。

「それじゃ、昨夜はどこで眠ったのか」とソムさんがきく。

「川の近くの寝床さ、新しくつくったんだ」とカムノイさんが答えた。

川原での食事が終わったあと、カムノイさんとルン君は支流の水源のほうへいった。縦に半分に割った竹が置いてあり、そのなかをきれいな水が流れている。ルン君は手近にあった緑の葉をもぎとり、くるっと円錐形に丸めると、そこに水を汲んでおいしそうに飲み干した。同じようにカムノイさんも自分の葉でコップをつくり、水分を補給する。実はこれは一九三六年から三七年の探検でベルナツィークが目撃した、ムラブリが水を飲む方法とまったく同じである。ベルナツィークはムラブリが「木の葉のコップで水を飲む」姿を写真に撮り、「原始林ではなくなることがない緑の葉が卓になる。ピー・トング・ルアング族は竹の水を、折りたたんだ葉から飲む。他に器具はない。匙もない。彼らは手で食事をするからである」と書いた。[*6] 以前読んだ本と同じ光景が目の前で起きたのだ。八十五年ものあいだ、ムラブリが習慣を変えることがなかったのだと思うと感動で胸が熱くなる。

ムラブリと労働時間

ラオ人のペングさんとソムさんは、ぼくたちが寝るためのテントを背負ってきていた。森のなかで平らな場所を探しているとき、レックさん一家やブンさん一家の風よけの裏手に何もない空き地が見つかった。ベージュ色に枯れた竹竿と、黄色く変色して腐りかけたバナナの葉が地面に残っている。そばには、白い灰が残された焚き火のあともある。木の枝には、きれいに黄色くなったバナナの葉が引っかかっている。風よけの屋根につかった葉の残りだろうか。むかしのタイ人やラオ人は、沈黙交易で姿を現さず、物々交換だけしていくムラブリが本当に存在するのかと訝《いぶか》った。そして森のなかに彼（女）らを探しにいくと、すでに森の奥に逃げて姿はなく、ムラブリが野営をしていたあとだけが残されていた。風よけにつかわれたバナナの葉が黄色く枯れていたところを見て、タイ人は彼（女）らのことをタイ語でピー・トング・ルアング、つまりは「黄色い葉の精霊（お化け）」と呼んだ。その呼称がタイ側では定着することになった。しかし、ムラブリは自分たちのことをムラ（人間）＋ブリ（森）、つまりムラブリ（森の人）と呼んでいる。

伊藤雄馬さんとぼくがテントのなかで休んだり眠ったりしているあいだに、ムラブリたちのあいだで何か起きたら困るので、結局、ブンさんの風よけのすぐ裏手にある草むらを刈ってテントを設営した。しかし、マットを敷いても地面がかたくて背中が痛く、ふたりだと縮こまって横たわらなくてはならず、とても快適とはいえない。しかも、蚊やハエなどのさまざまな虫が飛びこんできて、食料めがけて蟻が入りこんでくるし、森のなかの生活も見た目ほど優雅なものではなかった。かねてより、ムラブリと同じ水を飲み、同じものを食べ、同じように生活しようとしている伊藤さんは、テントが窮屈になったのか、ひとりで寝起きするスワンさんの風よけの下にいき、バナナの葉のうえで昼寝していた。

森の民であるムラブリでも、当然のことながら蚊やハエは嫌がる。女性のリーさんはいつも羽虫がとまるたびに、脚や腕をペシッと叩いていた。レックさん一家とブンさん一家の風よけの前には、料理につかった竹筒やらタロイモの食べかすやら、有機的なごみが捨てられてたまっていた。何かを食べたら、ムラブリはそこにポイッと投げるだけだ。そのせいで野営地には羽虫類が多かった。ムラブリの風よけがあるところには、必ずその目の前に焚き火がある。必要なときにいつでもタバコが吸えて、お湯をつかうために火を絶やさないのかと思っていたが、それが何よりも虫よけであることがわかってきた。二十四時間焚き火を絶やさなければ、森のなかの執拗な蚊やハエたちの攻撃から、ある程度は身を守ることができる。それにつかう焚き木は、身のまわりのどこでにも落ちている。

ムラブリと焚き火の関係には、とても深いものがある。いまでは森のなかにほとんど大きな捕食獣がいなくなったので、ムラブリたちはのんびりと構えている。しかし、かつては森のなかにイノシシ、熊、そして虎が闊歩していて、たびたび命を落としていた。ムラブリが焚き火の火を絶やさないのは、何よりも森のけものたちから身を守るためだった。『精霊を召喚する』を書いたイェスパー・トライアーは、かつてのムラブリが大人も子どもも木登り名人だったことを写真入りで紹介している。[*7] ムラブリは狩りをするとき、大型獣があらわれたとき、蜂蜜とりをするとき、木に登っていた。なるべく細い樹木や太いつる状になった木を選び、飛びついたと思うと、あっという間に登ってしまう。つかまれるつるがあれば、ターザンのように木から木へと飛び移ることもできたらしい。もうひとつ、いまの時代のムラブリは川の近くに野営しているが、かつては川に近づけなかった。なぜなら、水場には大型のけものもまた水を飲みにくるからだ。ベルナツィークは、ムラブリの焚き火の応用的なつかい方について、こんなふうに書いている。

向こうの他のピー・トング・ルアング族の風除けの中では母と娘が焚火の前にすわり、頭を明るい炎のうえにかざしては頭の地や長い髪をこすっている。このようにして、害虫、ごみ、垢は火の中に落ち、頭の洗濯はおしまいになった。

しかし、トゥルグはもっと徹底している。彼は炎のすぐそばに立つと全身をこすり、脚や腿をほとんど炎の中にさし伸べる。この方法で、すべての垢や、特に体毛——体毛のあるのは無躾と考えられている——が焼き落とされる。それから彼はわれわれが与えた赤い腰布をとり、二、三度それを炎の中で振る。それで腰布もまた《洗濯された》のである。[*8]

嘘みたいな本当の話であるが、いかに以前の森のなかが危険な場所であったかを物語るエピソードである。水場にいけなくても、ちゃんとムラブリが洗濯をしていたことからもわかるように、彼（女）らは見た目よりずっと清潔好きなのだ。

風が吹くと、頭のうえで竹や笹の葉がざわざわと揺れる。ときどき、やぶのなかで音がして、そちらを見やると鳥が鳴いて飛んでいく。ムラブリの大人たちは野営地で特に何をするということもなく、寝転んでばかりいる。それとは対照的に、少年のルン君は海水パンツに着替えて、小さな子どもたちを連れて川に遊びにいったようだ。遠くからガサッ、ガサッという音が近づいてくると、鬱蒼とした林のなかからナンノイさんがあらわれた。ビーチサンダルを突っかけながら、肩に刈りだしてきた焚き木を背負っている。こちらに気がつくと、のどに痰をガーッと絡ませてから、それをペッと吐きだした。十代半ばにして、すでにタバコの吸いすぎの兆候がある。

森のなかにいると半袖でいるのに快適な気温なのだが、それでもムラブリの大人たちは働かずに、ずっと寝そべっている。立ちあがって川に水を汲みにいったり、焚き木を伐りにいったりして立ち働いてるのは子どもたちである。このゆったりとした時間の流れ方はいったい何だろうとふしぎに思う。みんなが仕事や学校の宿題や家事を済ませて、この三日間だけはのんびりしようと決めている、日本のお正月や欧米におけるクリスマス休暇の時間に少し似ている。あるいは、奄美や沖縄の離島にいき、夏のつよい陽射しの下で釣りや畑仕事にでることもできず、木陰で休んだり家で昼寝をしている午後の時間に近い感覚もある。

ムラブリの野営地の光景をながめながら、人類学者のピエール・クラストルがパラグアイの狩猟遊動民であるグアヤキについて考察した『国家に抗する社会』という本のことを思いだした。狩猟採集生活に生きるノマドは、長々しい余暇を持てあまし、額に汗して食いぶちを稼ぐということを故意に無視していた。生産活動にあてる時間をきわめて限定し、「男女ともに一日の少なくとも半分をほとんど完全な無為のうちにすごすということ」はまちがいない、とクラストルは書く。[*9] 長くなるが、つづきの部分を引用してみる。

未開社会の人間は、生き残りのために常時食料を探索するという動物的生活を強いられているどころではなく、生き残りという結果——さらにはそれ以上のもの——を実現するのに、著しく短い時間を費しているに過ぎないのだ。ということは、未開社会は、望みさえすれば物質的な財の生産を増加させるのに必要な時間は充分にもっているということになる。そこで良識は次のような問いをたてる。すなわち、集団の必要を満たすのにあくせくせず毎日三、四時間活動すれば済むのなら、これらの社会の人間達はなぜさらに生産するために労働することなど望むだろうか、それが集団のために何の役に立つのか、こうして蓄積される余剰は何の役に立つのか、その受け取り手は誰か、と。人間が自分の必要を越えて労働するのは、強制力による以外にはない。ところがまさにこの強制力が、未開の世界には不在なのだ。[*10]

クラストルが「未開社会」と呼んでいるところに、彼の時代の人類学の限界はあるが、それはともあれ、右にいわれていることは、まさにぼくがラオス側の狩猟採集民ムラブリを見て考えたことと同じだった。狩猟採集生活でノマドと聞いて、ぼくは次のように思いこんでいた。農耕して穀物を蓄積することがないのだから、いつもお腹をすかせて弓矢で動物を追いかけたり、釣り竿で魚を釣ろうとしたり、果物や木の実や根菜類を探して森をさまよっている人たちなんだろう、と。ところが、二十一世紀のムラブリの実生活はまったくちがっていた。ラオス西部の森では、弓矢や銃をもってけものを追いかけなくても、川にさまざまな魚たちが十四人では食べきれないほど泳いでいる。額に汗水をたらして焼畑を開墾しなくても、まわりの森や竹林のなかを歩けば、ムラブリが「クワイ」と呼ぶさまざまな種類のタロイモやヤムイモが地中にあり、タケノコやウドや山菜がありあまるほどとれる。

クラストルは狩猟民グアヤキが、ヨーロッパ人の想像を裏切って、生存経済（人間が生存していくためのエコノミー）で四苦八苦しているどころか、毎日三、四時間活動すれば食べていくのに充分だったと書いている。ぼくが目撃した森のムラブリの生活では、それよりもさらに少ない一日あたり一、二時間の労働時間のように見えた。川で魚をとり、芋を掘ったりして、それを調理する時間だけが、彼（女）らが立ち働いている時間だった。電気とガスがなくても焚き火があれば事足りるし、すぐ近くの小川が水道や風呂代わりになる。家や家具がないからそれらを手入れする必要もなく、何よりも田畑などの手がかかる農耕をしていないため、農作業に携わる時間と労力が必要ないということが大きい。そして、山のものをもって村里におりていけば、米、タバコ、衣服、鍋といったものと物々交換できる。働くことが好きではない人、労働によって心身の病になったり命を縮めたりしている都会人から見れば、森の民の生活は一種の天国に見える。

ぼくがそんなことを考えている横で、スワンさんが細い竹でつくったパイプにタバコの葉を詰めはじめた。焚き火の灰をつかって、それに火をつけてぷかぷかとふかす。彼はその瞬間を幸福とも考えず、当たり前のように享受している。どんな社会的なプレッシャーもストレスも、その肩にはのしかかっていない。農耕をするということは、作物を計画を立てて育てていき、収穫をして食物や利益を得ることだ。つまり、未来について考えて心配することにほかならない。しかし、狩猟採集民であるムラブリには、穀物を蓄積しておいて、それを未来においておいて少しずつ食べようという発想が希薄なのだ。そんな計画を立てなくても、身のまわりに食べ物は充分にあるので、今日食べる分は今日手に入れて食べればいい。明日のことは明日考えればいい。

そのような「狩猟民の思考」が原理となっているので、タイ側の貨幣経済に生きるムラブリたちも、貯金や計画といったものが苦手である。モンやティンといったまわりの山岳民族の畑の手伝いをして、お金をもらったとしても、それをその日のうちにつかってしまう。お金がなくなって食べるものがなかったら、その日は食べずに我慢する。そのような姿を見て、モンの商店主の女性は「ムラブリはやさしい人たちだけど、その日にある食べ物を全部食べてしまう。それで、次の日はお腹をすかせている」と呆れていた。それはムラブリが豊かな森の生活から切りはなされたことのほうが問題なのであり、現にラオス側のムラブリを見れば、その日暮らしで何の問題もない。

レックさんと仲よくならんで、ビロウの葉のうえで昼寝をしていたマイさんが久しぶりに起きあがった。そして、焚き火に枝を加えて火をつよくする。鉈をもって手近にあった竹を斜めに切ると、竹筒のなかに緑色のキンマの葉を入れて蒸しはじめた。そんな作業をしながら、マイさんはにこにこしている。これから起きることが楽しみでならないという表情だ。しばらくすると、火にかけていた竹を鉈で半分に割り、なかから竹の水分でやわらかく蒸されたキンマの葉をとりだした。ビニールのなかからビンロウジ（ビンロウの種、ビートルナッツ）を刻んだものと石灰をとりだし、キンマの葉に包んで口のなかに入れる。マイさんは口を膨らませて、それを噛む。そうしているうちに口中の唾液とまざって、軽い酩酊感が得られるのだ。ムラブリの大人たちは、そんなふうに嗜好品をゆっくりと楽しみながら、長い長い自由時間をすごしていた。

ムラブリの結婚観

午後にミーさんの風よけを訪ねると、昼寝から目ざめたところだった。B村での物々交換で手に入れたもち米を箕《み》のうえにだし、殻やごみを選別していた。米のなかに五本の指を入れてまさぐり、箕のうえで米をはねあげる。風よけの下で、ミーさんがガサッガサッと箕を鳴らす音が、ムラブリとぼくたちのほかには誰もいない森のなかに響いている。そうやって炊飯をするために準備した米を、ミーさんは川のほうへ坂をくだり、嫁さんのリーさんがいる風よけへともっていった。

ちょうどリーさんはおっぱいをだして男の子に授乳をしていた。マイさんがリーさんの実母であり、ナンノイさんは妹にあたる。伊藤雄馬さんがラオ語で年齢をきくと「わたしも母さんも年齢は三歳よ」とリーさんは答えた。どうやら、三以上の数字はふだん数えることはないので「たくさん」という意味のようだ。バンドという単位で森のなかを遊動するだけだから、年齢を数える必要もない。むかしのムラブリは名前すらなくて「父」「母」「うえの娘」「下の息子」といった具合に呼称していた。

そこへミーさんがやってきて、もち米を箕ごとリーさんに渡す。リーさんはその米が「うるち米」かどうか気にしている。タイ東北部やラオスではもち米が常用されており、うるち米のほうが珍しい。リーさんはそれがもち米だと知って少しがっかりした様子。

リーさんとその風よけ

「夫のカムノイと食べなさいね」とミーさんが去りぎわにいう。

「むこうから別れるといったのよ。米は彼のところへもっていかない」とリーさん。

そこへ、カムノイさんが半袖シャツの下にブリーフをはいただけという姿であらわれ、片手で頭をかきながら歩いてきた。リーさんは授乳をしながら、むっとした顔つきで押し黙っている。「どうして奥さんと一緒に寝ないのか」とカムノイさんにきくと、「奥さんが怒っているから川の近くで寝ている」と答えた。ルン君がやってきて、カムノイさんとリーさんのあいだに入って大きな声で宣言する。

「奥さんと一緒に寝るべきだ。そうでなかったら眠るべきじゃない」

この言葉がリーさんの感情に火をつけた。

「わたしはもう彼（カムノイさん）の奥さんじゃないし、この子も彼の子どもではなくなった。ちゃんと寝るところもあるし、義母（ミーさん）もいるし、ほかに男もいるし、何の不便もない」とリーさんはいった。

するとそれまで元気がなかったカムノイさんが声を荒らげた。

「もう別れたのだから、食料も何もわけない。もう一緒にいる必要もない。昨夜、B村から帰ってきたとき、『あんたは家族のために何も持ち帰らなかった』とリーが怒るから、下に寝床をつくって眠ったんだ」

「いつも森の生活が嫌だといっている。ムラブリだから森のなかにいるのに、うちの夫はいつも村にいってばかり。そんな夫ならいらないよ！　男はほかにもたくさんいるし。何かしてと頼んでも、『眠い』といって何もしてくれない。遠い村へでかけていって、疲れて帰って寝ているだけ。家族のために何か持ち帰るということもしない」とリーさんは思っていたことを全部ぶちまけた。

ぼくたちは運よくB村でカムノイさんと出くわし、彼がラオカオに酔っ払って、気持ちよさそうに即興歌をうたう姿を目撃すらした。ところが、まさにそうやって遊び歩いていたせいで奥さんを怒らせてしまい、このムラブリの夫婦は昨日別れてしまったのだという。このできごとには、現代のラオス側のムラブリについて考えるうえで、いくつかの重要なポイントがうかがえる。タイのナーン県やプレー県、そしてラオスのサイニャブリー県に暮らすムラブリたちのなかで、おそらくこの十四名前後の集団だけが、森のなかを遊動するむかしながらの伝統的な狩猟採集生活を実践している。しかし二十一世紀の現代となれば、そこかしこに文明の利器が届いており、森に暮らす彼（女）らの生活に影響を与えている。

その代表的な例が携帯電話であろう。ぼくたちがフィールドワークをしていた二〇一七年から一八年にかけて、ラオ人のB村ではスマートフォンは普及しておらず、ひとむかし前の携帯電話を持つ人が多かった。ナンノイさんとルン君も携帯電話をもっており、ときにはヘッドフォンでときには内蔵スピーカーで音楽を聴いていた。初めて会ったときから、カムノイさんは携帯電話を買ってほしいとせがんできた。ぼくたちはカムノイさんに携帯電話を渡すことが、この集団における伝統的な生活に大きな影響を与えないことがわかれば、それをプレゼントしてもいいと考えた。

『森のムラブリ』の映画では、後半部分のひとつのヤマとして、カムノイさんとリーさんの夫婦げんかに焦点をあてた。なぜなら、そこに現代のムラブリが抱える問題が凝縮されているからだ。カムノイさんはラオ人たちの村で、お酒、タバコの嗜好品から、バリエーション豊かな食事、そしてテレビや携帯電話などに触れている。そして基本的に快楽主義的なカムノイさんが、他人がそれらを享受しているのを見て、自分もほしいと願うのは当然の成りゆきだろう。森のなかで狩猟採集して家族を養い、野営地から野営地へと移動するノマド生活は、まだ若いカムノイさんにとってそれほど魅力的ではない。

一方で妻のリーさんは、森のなかで子どもふたりを出産し、子育てしている母親である。リーさんも森以外の生活があることを知っており、ラオ人などほかの民族の存在もはっきりと意識している。そのうえで「わたしたちは森のなかにいるからムラブリなんだ」と民族的なアイデンティティを自覚している。母として次の世代に命をつなぎ、ムラブリらしさを継承していきたいと考えている。この若い夫婦が別れるエピソードには、現代の狩猟採集民が直面している価値観の衝突がある。あえて森にとどまるのか、それとも森をでていくのか。とはいえ、仮にカムノイさんが森をでていったとして、一日の大半を農作業に費やすラオ人の村でやっていけるのか。都市にでたとして、労働をして賃金を稼いで食べていけるのか。カムノイさんもそのことはどこかで理解しており、ほかに行くところもなく森にふらふらともどってきて、ダメ亭主ぶりを発揮しているのではないか。

この事件は日頃から、きわめて平和な（それゆえに退屈な）日々をすごしている、野営地のムラブリ女性たちにつよい刺激を与えた。最初のうちはよそ者のラオ人ふたり、言語調査をする伊藤雄馬さん、ヴィデオカメラを構えるぼくという闖入者《ちんにゅうしゃ》に対して、ナンさんは母親的なつよい警戒心を隠さなかった。ところがこの離婚事件が勃発すると、もっとも興奮したのはほかならぬナンさんだった。彼女は、ミーさんが少しはなれた風よけで焚き火をして、孫娘とルン君の弟を見ているところへやってきた。そして、ヴィデオカメラがあることにも構わず、ミーさんにむかって彼女の道徳観と結婚観をとうとうと語りはじめた（野営地にいるムラブリにヴィデオ撮影する旨を説明したが、そのことが何を意味するのかを明確に理解していた人は少なかったかもしれない。ラオ人の村にいってテレビを観ることのあるナンノイさんだけは、カメラを向けられると意識するような素振りを見せた）。

「カムノイは村にいってばかりで家に帰らず、遊び歩いていたので妻のリーは嫌になった。母親のミーが何度もいってきかせたけれど、それでもカムノイは変わらなかった。わたしの夫（ブンさん）はミーの親戚だから、カムノイはわたしらの家で寝ることもできない。子どもが生まれたら、夫は妻や子どもと一緒に寝なきゃダメ。ちゃんと家に帰ってきて、夫婦で一緒に子育てをしないと。でもカムノイは家にいないし、家にいたとしても何もしない。だから、ふたりは離婚した。いつも家族は一緒にいるべきよ。夫がでかければ妻も一緒にでかける。夫が家にいるなら妻も一緒にいる。そうすれば別れたりすることはない」

ナンさんはそこまで一挙にまくしたてた。最後のほうはミーさんに対して語っているのか、自分にいい聞かせているのかわからない口調だった。一日の労働時間が極端に短く、自由時間がいくらでもあるムラブリ女性にとって、このような井戸端会議で話に花を咲かせる光景は、野営地でよく見られるものであった。ナンさんの語りを聞いていて思いだしたのは、ナンさんの息子であるルン君の大人に対するしゃべり方だ。彼はカムノイさんに対して、村から家族のために食べ物を持ち帰るようにうながしたり、夫婦げんかのあいだに割って入って「夫は妻と一緒に寝るべきだ」と主張したりした。いまとなっては、それが母親のナンさんの口ぐせから影響を受けたものであることが明白になった。

そもそも、森で暮らすムラブリにおける結婚はどのようなものだったのか。一九七〇年代から八〇年代にかけて、主にタイ側で森や村に暮らすムラブリを調査したイェスパー・トライアーは、著書『精霊を召喚する』のなかでムラブリの結婚や出産について詳述している。[*11] それによれば、ムラブリの少年や少女は十三、四歳になると、ほかのバンドにいって相手を探すようになる。それでカップルが結婚したいと望むようになれば、少年はイノシシや鹿などの動物を少女の実家にもっていき、家族をサポートできる力を示さなくてはならない。ムラブリはムラブリ以外の人とほとんど結婚しない。もしその禁を破るのであれば、雨が降らなくなり、すべて乾ききってしまうという言い伝えがあった。

そうやって両親の承認を得たカップルに、特に儀式のようなものはない。まず妻が属する野営地に風よけを立てて、ふたりで暮らすようになる。そこで若い夫が若い妻をちゃんと食べさせていけるのか、一族が見守る。半年か一年くらい経つと、今度は夫婦で夫のほうのバンドの野営地に引っ越して、大抵の場合はそこでずっと暮らすことになる。妻は妊娠して出産が近づくと、出産を手伝う女性につき添われて、野営地から少しはなれたところへいく。横たわれる場所をつくり、お湯を沸かす。むかしはナイフでへその緒を切って、胎盤は木に吊りさげる風習になっていた。その後、モンの要求を受けて土に埋めるようになった。

男女ともほとんどのムラブリが、人生のあいだに数回は結婚する。女性は三回ほど、男性は五回くらい。婚姻期間は平均で六年ほどつづくが、それが長い夫婦もいれば短い人もいる。どうして男性のほうが数多く結婚するかというと、女性は三十五歳くらいで結婚や出産をやめるからだ。男のほうは年をとってから、ずっと若い妻をもらうことも珍しくない。男性は意のままに妻と別れることができる。妻も夫が病気になったり、夫がきちんと家族の面倒をみない場合などに別れる。つまり、カムノイさんとリーさんの離婚は森のなかではありがちなケースなのだ。ムラブリにおいて離婚は頻繁に起こるので、深刻な問題とは考えられていない。竹の入れ物、ナイフ、木製の槍などをのぞけば、夫婦がわけなくてはならない所有物が多くないからだ。子どもは六歳から八歳くらいになるまで母親と暮らし、その後は父か母のどちらと暮らすか選ぶ。三十五歳以下の女性にとっても、すぐに別の男性が見つかるので、離婚はそれほど痛手だとは考えられていない。この状況は、リーさんが「男はほかにもたくさんいる」といっていた言葉を裏づける。同じ風よけで眠っていた夫婦が、別々の風よけの下で寝起きするようになれば、それで離婚は成立する。夫婦間の愛情がなくなったり、夫婦のどちらかが家族を面倒みなくなれば、いつでも別れることができるのだと思えば、これほどシンプルでまっすぐな結婚生活もない。

森の民における食卓

山の稜線のむこうに陽がおちて、森がだんだんと薄暗くなってくる。ブンさんはほとんど一日じゅうごろごろしていて、ぼくたちがインタビューをしようと話しかけても寝そべったまま、面倒くさそうに受け答えするだけだった。そのブンさんが一日の終わりを間近にして、ようやく寝床から起きあがった。活動するときがきたのだ。体を右に左によじってストレッチをしたあと、消えかけていた焚き火に木をくべて火をつよくした。

そこへ上半身裸のルン君が、飲料水をためておく太い竹竿をもってくる。竹竿のなかにためた水を鉄釜にあけて、何度も何度も丁寧に米を洗う。焚き火のうえに鉄の五徳を置き、そこに水の入った釜と、お米を入れたすり鉢状の箕を置く。地面に屈み、懸命に焚き火に息を吹きこんで火をつよくする姿は、むかしの日本列島における農村の光景を見ているみたいだ。それとは対照的に、となりのレックさんは太めの青々とした竹筒にもち米を入れて、葉を詰めて蓋をした。それを焚き火のうえに直接横たわらせ、炎で竹が焦げるくらい温める。竹筒の内側の水分が米を蒸してくれるので、水を入れる必要はないのだという。レックさんが鉈でその竹をパカッと縦に割ると、湯気とともになかから炊きたてのもち米があふれだす。よっぽどお腹をすかせていたのだろう。毎日見慣れた光景のはずだが、となりでナンノイさんがうれしそうにながめている。

レックさんは竹から自分たち家族の分を器にわけると、残った分をブンさん一家に手渡す。さらに、竹筒からとりだしたご飯を手でリーさんに渡す。リーさんは手のうえで冷ましてから子どもふたりに、小さなおにぎり状にして手渡す。ムラブリたちの手から手へ、炊かれたもち米がリレーされていく。リーさんは子どもたちに「わけて食べなさい」とやさしく諭している。それこ

食事をわけあうレックさん一家とブンさん一家

そが森の民のエチカなのだ。竹筒のご飯は独り身のスワンさんにもちゃんと届く。彼は瓶からトウガラシをだして、ラオ人のようにもち米を手でにぎって粘り気をだし、リーさんの娘と仲よくならんで、トウガラシやタケノコを刻んだソースにつけて食べる。「いただきます」も「ごちそうさま」もない。狩猟採集民のバンドには「こんにちは」「ありがとう」「ごめんなさい」といった、共同体の内部で人間関係や社交を円滑にするための定型的なあいさつは必要ないから、もともとそれにあたる言葉がない（伊藤さんいわく「ジャッカレーン？（どこいくの）」「ジャック・ルマープ（畑にいく）」といったやりとりが、実際にはあいさつのような役割を果たすという）。

　ご飯が行き渡った者からどんどん食べる。原始共産制などという大層な言葉をつかわなくても、この狩猟採集民がはるかむかしの時代から、食料が多く手に入ったときも、あまり調達できなかったときも等しく、その場にいる人たちとシェアしてきたことはすぐにわかる。ご飯に限らず、野営地では食べ物はみんなバンドの成員のなかで共有されていた。それが個ではなく集団で生きていく、森のノマドの生存戦略だといえる。それだけが理由ではなく、ラオスの森のなかのムラブリが食料や日用品を共有する背景には、マーシャル・サーリンズのいう「始原のあふれるゆたかさ」に彼(女)らが囲まれてあるからではないか。

むしろ、彼らの経済配備をいろどっているのは、始原のあふれるゆたかさであり、自然資源の豊富さにたいする確信であって、人間の手段不備からくる絶望ではない。ことなる奇妙で野蛮な気ままさも、これらの人々の自然にたいする信頼――たいてい目的に成功する経済の、理性的、人間的な属性である信頼――によってこそ理解できる、といいたいのが私の主眼なのである。[*12]

なるほど、サーリンズがいっていることは、ムラブリにもある程度は当てはまりそうだ。ムラブリが主食にしてきたタロイモ、ヤムイモ、果物、葉、タケノコ、サゴヤシの髄部(でんぷんがとれる)といった植物性の食料は、特別な技能がなくても誰でも集めることができるものばかりだ。いつでも手に入るのだから、それを個人で所有する必要はなく、料理した分はみんなでわけて食べればいい。もし物足りなさを感じたら、また森のなかに入っていき、そこから採集してくればいい。このような態度が成り立つのは、自然資源がいつでもそこにあるという豊かさへの信頼感があるからだろう。

むろん個人所有への意識が希薄だとはいっても、自分の家族だけの寝床があり、着る衣服などの区別はある。とはいえ、個々人の所有に帰せられるものはそれくらいで、食料や道具には所有の概念が希薄だといえる。これは誰がB村からもらってきたお米だから、これは誰が川でとってきた魚だから、これは誰が掘ってきたヤムイモだから、という具合にそれが個人所有に帰されることは少ない。それはその場にいるみんなのものだ。電気、ガス、水道に加えて、家屋がないということは、食料や物を蓄積する場所を持たないことを意味する。ということは、たくさん持つ者と少なく持つ者の区別が発生しない。貧富の差が生まれない。それにともなって、政治的なリーダーや経済的な富者がでてくることもない。ムラブリたちの態度を見ると、あえて農耕社会を避け、労働を避け、貨幣に縛られることを嫌い、政治的な中枢が発生することを回避しているふしさえある。森の遊動民ムラブリのバンドは、ピエール・クラストルのいう「国家に抗する社会」に近いのかもしれない。

近代化を経た多くの人が、人類は旧石器時代的な狩猟採集の時代から、次第に道具をつかって農耕をする新石器時代へと発展していき、そこから村や国家などの共同体を形成するようになり、都市に集まり、やがて近代的な工業化を果たしたという進歩的な歴史観を持つ。単純な狩猟採集や漁労に従事する人たちは、近代化の流れから取り残された人たちだと思いこむ。しかし、それはラオスのムラブリを見るだけでも、まちがいだとわかる。ムラブリは代々からの教えを受けつぎ、物を持たないように、貨幣をつかわないように、農耕をしないように、労働をしないように、政治的リーダーが発生しないように、食料はその日のうちにすべて消尽するように、明日や未来の心配をしないように意識的に振るまう。バナナの葉とビロウの葉でできた風よけはいつでも置き去りにできるし、家財道具や衣服をまとめて背に抱え、すぐに次の場所に移動できるほどの量しか保有しようとしない。彼（女）らにとって移動することは、どうしてそれほど生活の根源に位置しているのか。

あまり人数が多くなくとも、キャンプから手近な範囲の食物資源は、おそかれはやかれ、通常減少してしまうだろう。そうなると人々は、留まっているかぎり現実コストを増大させるか、現実収益を低減させるかという板挟みの窮状におちいらざるをえない。いっそう遠くはなれたところに探しにゆこうとすれば、それだけコストがたかくなるし、楽に手のとどく範囲だと、それだけすくない供給ないし質のおちた食物で甘んじて暮さねばならなくなって、収益が低下する。どこか他のところへゆけば、むろん問題は解決する。こうして、狩猟＝採集の第一位の、決定的な性質、つまり不定住性が発生する。有利な条件で生産を維持してゆくために、この経済は移動が必要不可欠とされるのである。[*13]

マーシャル・サーリンズは、そんなふうに狩猟採集民のノマドがどうして移動するのかという疑問について、経済学的な観点から答えようとしている。そこに、もう少し現代的な観点をつけ加えることもできるだろう。従来は「完新世」だと考えられてきた地質年代が、実はすでに「人新世」と呼ぶべき時代に入っていると見なすとき、人類の手によって地球環境が不可逆的な変化をこうむっている現状が明白になってくる。森林の破壊によって自然はもとの状態にもどる可能性をなくし、人工的な物質によって海は汚染され、化石燃料の消費が地球温暖化や気候変動を深刻なものにし、地球上の生物の多様性は失われていくばかりである。

ところが、ムラブリのようなノマドによる狩猟採集生活はどうだろう。彼（女）らは水や植物や動物などの手近にある自然資源に頼って暮らしているため。それらをとりつくそうとはしない。ノマドは消尽してしまう前に次の土地へと移動する。またいつか同じ場所にもどってくる頃には、植物や動物などの自然資源はもとの豊かさに復活している。これが人類と自然環境にとって持続可能な関係であることはまちがいない。二十万年といわれる現生人類の歴史において、ほとんどの時代を人類は狩猟採集で暮らしてきて、地球に負荷を与えることなく生存してきた。そうはいっても、現代文明を生きるぼくたち人類が急に旧石器時代の生活にもどったり、森のムラブリのように暮らしたりすることはできまい。少なくとも二十一世紀になっても森のノマド生活をつづけているムラブリの生活や文化を知り、そこから何かを学ぶことが危急とされるような時代に入っているのだと思う。

ところで、夕暮れどきに野営地でムラブリが食べたもち米のご飯は、森の民の日常をいろどる饗宴のはじまりにすぎなかった。リーさんは二、三十センチはある大きなヤムイモの一種の皮を小刀でむき、箕のうえにうすくスライスしていく。それらを竹筒のなかに押しこんで、最後に細い竹の棒で何度も何度もつぶす。そして、竹の筒ごと焚き火のうえに置いて火がとおるのを待つ。そのあいだに、焚き火を囲んでいるナンノイさんや子どもたちに、細いタケノコが配られる。いわば森のなかのオードブルだ。火にかけていた竹筒をリーさんが鉈で縦半分に割ると、なかから少し茶色に変色したヤムイモのマッシュド・ポテトがあらわれる。子どもたちの大好物なのだ。リーさんはそれを少量手にとって、口でふうふうと冷まして、子どもたちに手で渡していく。

ブンさんはうれしそうに、網にかかった川魚を焚き火の前に持ち帰る。日本でいえば、イワナかオイカワのような銀色の小さくてきれいな魚だ。鉈で器用に細い竹をYの字に割いて、二股になったところに魚をはさみ、竹ひもでくるくると固定する。内臓はとらずに、川魚の全体に塩をぬって、そのまま焚き火でゆっくりと焼く。総合的に見れば、ムラブリの食卓は炭水化物もタンパク質もカルシウムも食物繊維もとれる、バランスのよい食事であるように見えた。

ムラブリたちの野営地に滞在しているとき、伊藤さんはブンさんに言葉を思いだしてもらおうと、何度もムラブリ語で話しかけていた。夜、食事の時間のあとで、風よけの下に寝そべっていたブンさんは、伊藤さんと話しているうちに、急に過去に食べたおいしいヘビのことを思いだした。ムラブリ語をつかい、大きな身ぶり手ぶりを交えて話してくれた。ムラブリは夜の焚き火の前で、見事な語り部に変身することがあるのだ。

「それはクルオールというヘビなんだ。（右手でヘビのかたちをつくって）こんな感じであらわれて、カプッと咬んでくる。そいつを首根っこのところでつかまえて、もっている鉈で首を切り落とす。それから内臓をとりだして、きれいに解体する。小腸を引き抜いて、肉をぶつ切りにする。その肉を鍋でゆでて、塩、トウガラシ、香辛料で味つけをして食べると、これが本当にうまい。そういうふうにすれば、ヘビも食べられるんだよ」

ブンさんが語ったように、ムラブリは料理してはその場で食べ、また思いだしたように食材を調達してきて、みんなでわけて食べるということをくり返す。特に夜の食事は延々とつづく。そこには狩猟や採集すること、調理をすること、食べること、おしゃべりすること、遊ぶことの区別は存在していないかのようだ。それぞれの風よけの焚き火の前で、それらの行為が一緒くたになったような豊かな時間がつづく。人類の祖は、十万年も二十万年も前から、このような夜のときをすごしてきたにちがいない。森のムラブリたちが生きる悠久のときを前にしてぼくの心は静かな喜びで満たされていた。

エピローグ

夜中に雨がふりだして、テントを叩く雨音を聴いて眠ることになった。太陽が昇ってくるのとともに目をさます。森で寝起きするとき、自然のリズムが自分の体のなかに入ってくる。野営地のムラブリも起きたところだった。リーさんは子どもに授乳し、長い黒髪が自慢のマイさんはブラシで髪をとかしている。

ナンさんは川から網を引きあげてきて、地面に垂直に立てた丸太に引っかけた。網に絡めとられた何匹ものナマズがバタバタと暴れている。時間や場所によって、川でとれる魚がちがってくる。その分、食卓にもバラエティがでてくる。ナンさんとルン君は網を伸ばして、丁寧に太ったナマズを網から抜きとっていく。もう朝の食事の準備がはじまっていた。鍋のなかで沸騰させた湯に、ルン君がナマズを投げこむと、あまりの熱さにナマズは暴れ狂った。それを見てルン君は大笑いした。ナンさんは小刀でナマズをぶつ切りにし、竹と竹ではさんで焚き火の火にかけた。串焼きか蒲焼きみたいな調理のスタイルだ。ほかのナマズの切り身は鍋でゆでることになり、ルン君がそこにニンニクのスライスと、香草と、トウガラシを細かく刻んでスープを味つけしていく。炊きあがったご飯と一緒に、容器によそったスープもまた野営地のみんなに配られていった。

朝食が終わった頃、みんながいる野営地にふらっとカムノイさんがあらわれた。ひとりで眠って、ひとりで食べているのか。相変わらず片手で頭をぽりぽりとかきながら、きまり悪そうに倒

ムラブリのナマズ漁

木のうえに座ったカムノイさんに、ラオ人のソムさんが近よって話しかける。

「そんなんで、子どもの面倒はどうするんだよ」

「母親がやってくれるだろう」とカムノイさんは答える。

「もう村へいくのはやめておきな。お前の母親も、妻と一緒にいなさいっていってるだろ」

「いや、村へいく」

リーさんにふられてもまだ、ダメ亭主は懲りていないようだった。ところで驚いてしまうことに、みんなでB村から持ち帰ったたっぷり数日分はあったもち米を、ムラブリたちは短い期間に気前よく食べてしまった。本当にあとにとっておくとか、蓄積しておくという発想がないようだった。そこでカムノイさんは「食べ物がなくなったから、村へいかないと」とみんなに主張した。しかし、彼（女）らが出発するときは近づいていた。同じ場所に長居することはできないのだ。次はどこへむかうのかとスワンさんに尋ねると、彼は予言者のようにただひとこと「太陽のほうにむかって森を進んでいく」と答えた。ぼくたちも、森のムラブリや野営地とお別れをするときがきたのだ。

ラオ人たちの案内で、ぶじにフワイハンのあるP山のむこうの森からおりることができた。ふたたびティットさんの農家に滞在していると、もち米が足りなくなったのか、携帯電話を充電したくなったのか、もっていたタバコを吸ってしまったのか、ナンノイさんとルン君がB村にあらわれた。ちょうどいい機会だったので、野営地でムラブリを撮影した映像をノートパソコンにコピーして、ペングさんと奥さん、ナンノイさん、ルン君、伊藤雄馬さんとモニターを囲んでミニ上映会を開いた。生まれて初めて自分たちが写った映像を観たのだろうか、最初のうちはムラブリの子どもたちは押し黙っていた。画面のなかでルン君がしゃべり、川魚を焚き火で料理する場面になると、ナンノイさんとルン君は顔を見あわせて笑った。大人たちはともかく、どうやら頭の柔軟な子どもたちは、自分たちがヴィデオで撮影されたという事態を飲みこんでくれたようだった。

二〇一八年三月に撮影が終了して、それから伊藤さんが言葉を翻訳したり、ぼくが映像を編集したりして、ついに完成したのが二〇一九年十一月のことだった。国内のドキュメンタリー映画祭、北マケドニアやメキシコなどの人類学映画祭、カンボジア国際映画祭やバンコクでの上映を経て、ドキュメンタリー映画『森のムラブリ』はさいごに日本全国で劇場公開された。とはいえ、二〇二〇年二月頃からコロナ禍になってしまい、へたにフィールドワークにいってムラブリたちにパンデミックを広めてもいけないので、タイのフワイヤク村やラオスの森のなかを再訪することができずにいる。完成した映画を観て、ムラブリたちがどんな反応を示してくれるのか、たがいを人食いだといって嫌いあう状況に変化をもたらすことができるのか、ぼくたちのムラブリをめぐる旅はつづいていく。

＊1　H・A・ベルナツィーク著『黄色い葉の精霊――インドシナ山岳民族誌』大林太良訳、平凡社、一九六八年、二七七頁、二九〇頁
＊2　ジェームズ・C・スコット著『ゾミア――脱国家の世界史』佐藤仁監訳、池田一人ほか共訳、みすず書房、二〇一三年、x頁
＊3　Hiroki Oota, "Brigit Pakendolf and other, Recent Origin and Cultural Reversion of a Hunter-Gatherer Group," *Plos Biology*, 2005
＊4　Jesper Trier, *Invoking the Spirits*, Jutland Archaeological Society, 2008, pp.84
＊5　『黄色い葉の精霊』一八二―一八三頁
＊6　同前、二八五―二八六頁
＊7　Jesper Trier, *Invoking the Spirits*, pp.58-60
＊8　『黄色い葉の精霊』一七五頁
＊9　ピエール・クラストル著『国家に抗する社会――政治人類学研究』渡辺公三訳、水声社、一九八七年、二四二頁
＊10　同前、二四三頁
＊11　Jesper Trier, *Invoking the Spirits*, pp.43-44
＊12　マーシャル・サーリンズ著『石器時代の経済学』山内昶訳、法政大学出版局、一九八四年、四一頁
＊13　同前、四七頁

第二章

人類学への批評

生命と非生命のダンス——インゴルドに関するエセー

「つくること」とは何か

ティム・インゴルドは一九四八年にイギリスのバークシャー州レディングに生まれ、ケンブリッジ大学で博士号を取得した社会人類学者である。一九七〇年代からフィンランド北東部のラップランドに暮らすサーミ人の社会をフィールドワークし、伝統的にトナカイの狩猟や飼育を生活の糧にしてきた彼（女）らの社会が、現代においてどのように変容していったのかを研究しはじめた。その後はマンチェスター大学で教鞭をとり、一九九九年からはアバディーン大学で人類学を教えている。

ぼくが共訳で関わった『メイキング　人類学・考古学・芸術・建築』は二〇一三年（邦訳は二〇一七年）に刊行されたティム・インゴルドの著書である。執筆の経緯については『メイキング』の序文と第一章に詳しい[*1]。それによれば、彼がマンチェスター大学に所属していた一九九〇年代の半ばから、アートや建築と、人類学の接点を探るべく毎月のように研究会を開いていた。そして「つくること《メイキング》」を内側から知るために、研究者や学生たちとともに、集めてきた枝を乾かして籠を編み、自分たちでつくった窯で鉢を焼き、ポリフォニーで歌唱するために練習をし、建築のための設計図を書いてみたという。そのユニークな人類学的探求の方法はこの時期にはじまったようだ。一九九九年以降、アバディーン大学の人類学学科の立ちあげに関わったインゴルドは、人類学《アンソロポロジー》、考古学《アルケオロジー》、芸術《アート》、建築《アーキテクチャー》という、それぞれアルファベットの「A」を頭文字とする分野を組み合わせて「四つのA」という課程《コース》を創設し、学部生や大学院生にむけて講義をおこなった。さまざまな実習、ワークショップやグループワークを組み合わせたその魅力的な講義の様子は、『メイキング』を読むことでうかがい知ることができる。

ティム・インゴルドは著書『ラインズ』（二〇〇七年に原書刊）において、文字の記述、音楽の記譜法、織物や手相、地図やストーリーテリングにいたるまでを事例にして、人間の世界にあまねく存在し、分断できない運動をする「線《ラインズ》」という着眼点から書物を著して大きな反響を得た。いうまでもなく、これはドゥルーズ＝ガタリの哲学における「逃走線」の概念から発想されている。国家という権力や家族のモデルによる抑圧からの逃走線を、より文化的で具体的な地平において結びつけてみせ、豊かな「線」の世界を描出した。この領域横断的な書物について、インゴルドは「この研究を通じて自分は人類学と袂を分ってしまったのかなと自問する」と日本語版の序文に書いた。

ところが『ラインズ』の次に発表された著書『生きていること』（二〇一一年）をはさみ、六年後に刊行された『メイキング』では、原生人類における握斧《あくふ》、聖堂におけるゴチック建築、絵画とドローイングのちがいなど、人類学と個別的な他分野との接点を探る試みに深く潜行していき、知的でスリリングな議論をくり広げている。『ラインズ』で広範囲に拡張された人類学的な知の問題を、自分たちの体や手をつかって学び直していく実践の書だと『メイキング』を見なすこともできよう。さて、それでは本当にインゴルドは人類学と袂をわかち、これら考古学や芸術や建築との境域に自身の思想や研究テーマを見いだしたというのか。

そのように考えてくると、『メイキング』の第一章を中心に展開される、人類学と民族誌における仕事の区別の問題が重要なものに見えてくる。ティム・インゴルドは民族誌をおとしめるつもりはないと断ったうえで、民族誌の記述が、物ごとがどのようになっているのかについて学び、その記録資料《ドキュメンタリー》やデータの作成を目ざしていることを強調する。それに対して、人類学の本質は参与観察などをおこなうことで、人生の道において何かを学び、自分自身が生成変化することなのだと言い切る。それゆえに、彼にとっては民族誌ではなくて人類学こそが、無機物や有機物の生成変化の流れに沿ってコレスポンド（相互作用や応答や調和）することで何かを生みだす、人間の「つくること」に寄与できる知恵の源泉ということになるのだ。

むろん、そこにもドゥルーズ＝ガタリの哲学への深い共感がある。彼らの著書『千のプラトー』では、一見強固で不変の物質に見える無機物の金属さえもが、鉱脈から鉱物として掘りだされ、揮発し、溶融し、鍛造され、かたどられていくといった流れを持つ「非有機的な生命」であると喝破される。ティム・インゴルドのいう「つくること」は、特定の建築家や芸術家のそれを意味するというよりは、金属の「物質―流れ」に従って、探鉱者や採掘者、冶金《やきん》術の職人や鍛冶師たちが、さまざまなアレンジメントを施すような、人間界に広く見られる技術的な営みのことを指し、それらを人類学的に記述する試みなのだ。もし人類学というものを、ある人物に職能的な専門性や研究の基盤を与えてくれる知の体系だと考える人がいるなら、到底『メイキング』を人類学の書だと認めることはできないだろう。だがインゴルドが主張するように、人類学が身のまわりの世界に注意をむけることで知恵を身につけ、新鮮な知的空気を吸いこんで柔軟に自分を変化させて環境に適応し、複雑な自然や宇宙や世界をそのままのかたちで理解するための知への道のりだと考えるなら、『メイキング』ほど人類学的な冒険の書として適したものもない。

ぼく自身にはティム・インゴルドとの面識はないが、詩人で比較文学者の管啓次郎さんと話していたときに、「本人に会ったけど、腕が太くてモサモサと毛が生えていて野性的な感じの人だった」と聞いて何だか腑に落ちた。大きくなると二百キロから三百キロになるトナカイを若いときに相手にしていた人、というイメージが自分のなかで醸成されて、しっくりくるような気がしたのだ。

ティム・インゴルドは『メイキング』の冒頭においた「内側から知ること」という章でこんなふうに書く。トナカイ遊牧をするサーミ人の社会に入り、参与観察の方法をつかって、彼らと一緒に生活することでフィールドワークをしていた青年時代のことだ。サーミ人たちが伝統的な知恵をちっとも教えてくれないので、てっきり彼らが教えるのを嫌がっているのかと思いこんだ。しかし、時間が経つにつれて徐々にわかってきたのは、本当の意味で何かを「知る」ためには、内側から自分で発見するプロセスを経なくてはならないということだった。漁労や狩猟やトナカイ放牧で暮らす人たちにとって、言葉で語ってきかせることは「教える」ことにはならない。自分の体をつかって前に進みながら動き、見聞きして感覚することでしか何かを習得することはできない。そのような知恵をサーミ人がもっていることにインゴルド青年は気づいたのだ。

そのような社会人類学者のアプローチとは異なるが、ぼくも似たようなことを二十代半ばの若い頃に経験した。ボレックスという十六ミリカメラを担いで、詩人の吉増剛造さんを追いかけていた頃のことだ。文化人類学者の今福龍太さんと吉増さんが、札幌にある西岡貯水池の森（今福さんは「西岡ウォールデン」と呼んだ）で、真冬の雪景色のなかを歩きながら対話するというので撮影にいった。貯水池が凍って雪が降りつもり、そのうえに鷺《さぎ》の足跡が点々と残っていた。それを目に止めた詩人は「あれは雪のステッチ（縫い目）だね」とささやいた。数年後に奄美自由大学に参加して、徳之島で牛がいない闘牛場を歩くという巡礼をしているとき、吉増さんがしゃがんで写真を撮っていた。牛の前脚が掘った穴がくぼんでいるのを見て「あれは闘牛場の目玉だな」とつぶやいた。いま思えば、あれが自分にとって生命と非生命から成る世界を学習する機会だったのだ。

時間が経つにつれて刻一刻と世界は姿を変えていくが、そのような世界を「探求する技術」は、他者から頭のなかにある観念や情報を伝えてもらうだけでは不充分だ。変容しつづける生命と物質に対してどのように応答すればいいのか、それを自分で発見しながら進むしかない。吉増剛造さんが、鷺が歩いた跡を「縫い目」としてとらえたことは、単なる詩人が抱いた感興にとどまらない。インゴルドの言葉を借りれば、ナメクジが敷石のうえに残した痕跡のように絡まりあった線と同じ「メッシュワーク」だといえる。「これらの線は輪をつくり、たがいに絡まり、またはうねりくねって縫うように進む」。ネットワークの線ではすべてが連結物であるのとは対照的に、「メッシュワークを成す線は、運動であり成長の線」であり、生成変化する線である。[*2] ぼくは身近なところで質的な変化をつづける生命と非生命の姿をとらえる方法を詩人に学んだが、それはインゴルドにとっては「生きていること」や「つくること」の学習ということになる。

これまで「アートの人類学」というと、一般的には先住民がつくった絵画、建築、彫刻、民衆芸術を研究することを意味してきた。一方でティム・インゴルドは「アートと人類学」という言い方を好んでいる。この「と」が重要なのだ。「アートの人類学」では、鑑賞者は作品を通じてつくり手の意図にさかのぼり、作品の背後にある先行作品からの影響や、それが制作された時代が落とした影を透視することで作品の解釈をする。ところが「アートと人類学」においては、鑑賞者は「アーティストの道連れになり、作品がこの世界で展開していくのを作品とともに見る」[*3]。なぜなら作品の生命はその素材に根ざしており、すべての作品は完成することはなく、完成されたあとでも生きつづけるからだ。それは、どういうことか。『メイキング』という本を考えるうえで、第二章「生命の素材」で示されるダイアグラムへの理解が欠かせない。ティム・インゴルドは「意識の流れ」と「物質の流れ」を二本の縦線で表す。いま、うえから下へむかって時間が流れている。アンリ・ベルグソンがいうように、時間の流れは、時計のように数字に置きかえて計量できるものではない。コップの水に砂糖を入れると溶けるように、時間が経つことは質的な変化を意味するからだ。人間の体も物質だから、年をとれば顔にしわが刻まれる。時間の経過は二度と後戻りすることができないクオリティの変化なのだ。さて「意識の流れ」の縦線では、ぼくたちの視覚や聴覚や触覚などさまざまな感覚が束になっているが、一枚の写真を撮るようにしてそれを一瞬だけ止めたとする。すると、それがイメージになる。

それと並行して「物質の流れ」である縦線も、時間の流れのなかでどんどん変化していく。生命体であれば、植物や動物のように時間が経って成長する。実は非生命でもそれは同じことで、硬くて不変に見える河原の石も、長い時間をかけて転がり、水に洗われて円《まる》くなる。鉄のような物質も錆びついたり、もろくなったり、粉々になったりする。どんなに確固たる存在に見える物でも、時間とともに刻一刻と変化していることは、実は生命体と何ら変わらない。生命と比べると、質的な変化のスパンが長くてゆっくりしているだけだ。つまり、物質もまた限りのある生命を持つのであり、非有機的な生命であるのだ。インゴルドはその「物質の流れ」が静止している瞬間に、ぼくたちが物体としてそれを知覚しているのだと説明する。

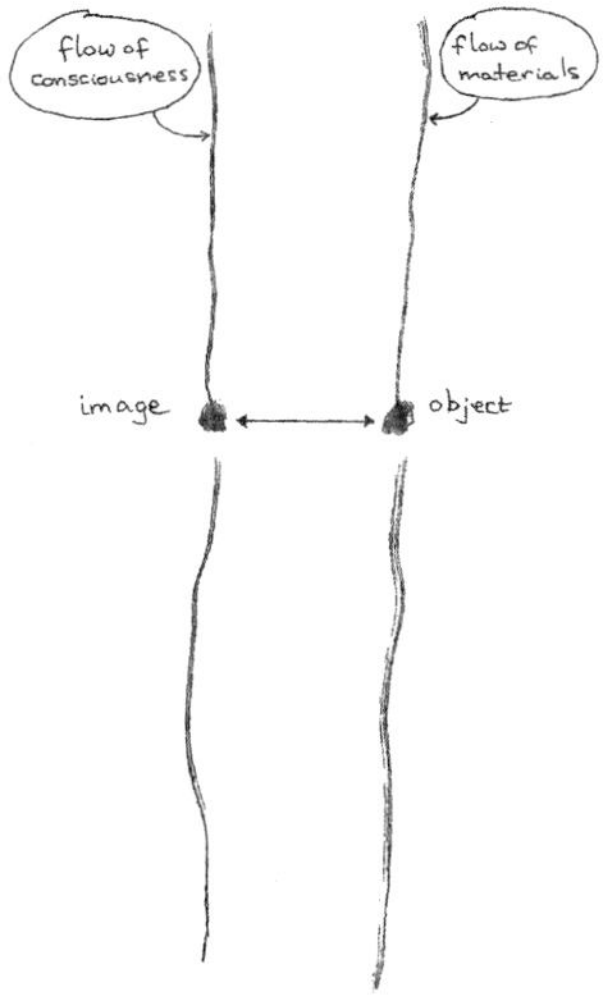

インゴルドによるダイアグラム（『メイキング』より）

　このようにイメージから物体へ、

物体からイメージへと変換することが、ティム・インゴルドにとって「つくること」を意味する。しかし横方向ではなく、時間の流れに沿って縦方向につくることが重要である。それを言い表すために『メイキング』で、perdurance（延続や永続）という聞き慣れない用語がつかわれる。ここでは物質が永遠に持続することを指すのだろうか。自分の脳裡にあるイメージを物質に対して押しつけることが「つくること」だという、一般的な思いこみはまちがいだとインゴルドは指摘する。あらかじめデザインを思い描き、設計図をつくり、それにあわせて物質や素材を組み立てて、アート作品や建築物をつくるのではない、というのだ。

『メイキング』で紹介されるのは陶器の例である。陶工は湿った土を素材につかう。ろくろが回転することで、陶器をつくる人の指は丁寧にそれを動かしながら、少しずつ時間が経って乾いていく土に、ダンスのようにリードしたりリードされたりをくり返しながら、素材のなかからかたちをつくる。陶工の指と素材である粘土のあいだに、回転するろくろという第三項が介在することで、生命と非生命のダンスは可能になる。あるいは、木彫で像を彫るために木から切りだす人は、鑿《のみ》を木目に沿ってうえから下へ振りおろす。鑿の刃は、その木が成長してきた過去の歴史である木目によっておのずと導かれる。あらかじめ頭に思い描いたデザインを物質に押しつけるのではなく、物質が質的に変化していく流れに従うこと。「つくること」はそのように物質の世界に参加し、モノと力をあわせながら作品を成長させること、生成することなのだとティム・インゴルドは考えるのだ。

モニュメントとマウンド

ところで『メイキング』では、クレア・トメイというアーティストの「狂気か美か」というインスタレーション作品が紹介される。横に長いテーブルのうえに素焼き前の粘土の状態で、成形された白い陶器がたくさん並んでいる。トメイは水差しを持ち、器のなかに水を注いでいく。すると当然のことながら鑑賞者が見る前で、器がゆっくりと歪み、ひびが入り、スローモーションのように壊れて、割れた器はテーブルや床に水を垂れ流しにする。この作品では、陶土でつくられた器はひとつの完成形ではなく、ひとつのはかない生命をもった存在になる。このように現代のアート作品には、時の経過によって物質が変化していくプロセスそれを自体を、作品のなかに取りこんだものが多くある。たとえば、ぼくが旭川の川村カ子《ね》トアイヌ記念館を訪ねたとき、庭に汚れた大木が横倒しになっているのに気づいた。館長の川村兼一さんに訊ねると、こんなふうに答えた。

「ああ、あれは砂澤ビッキがつくったトーテムポールさ。芸術的な価値があるものなんだろうけど、ビッキだったらそのままにしておくだろうと思って、放っておいてる」

砂澤ビッキは主に木彫で作品をつくるアーティストだったが、「風雪という名の鑿」で作品をつくろうと考えて、作品が自然に風化し、腐り、やがて土に還ることを作品づくりのなかに取り入れた人物だ。「札幌芸術の森」の屋外で常設展示されている「四つの風」という大作は、四本の木柱から成る作品だが、すでにそのうちの一本は地面に倒れている。彫刻作品もまた、いつか腐って終わりを迎えるという、芸術家の考え方が具現化された作品だといえよう。それは石や金属で記念建造物《モニュメント》をつくって、半永久的にその姿をとどめておこうとする思想と対極であり、まさにティム・インゴルドが考える生成変化をつづける作品に近いだろう。

いまモニュメントについて言及したが、この言葉はティム・インゴルドが考古学について考えるときにつかうキーワードでもある。『メイキング』の第六章では、円錐形の小山《マウンド》がトピックにあがる。インゴルドはみずから撮影したフィンランドの蟻塚の写真を書籍に掲載し、それが「マウンド」的なあり方を体現するものだという。むろん、クロード・レヴィ＝ストロースが『悲しき熱帯』で、ブラジルの赤土でつくられた蟻塚を登場させたことが念頭にあるのだろう。蟻塚のほかにも小山になっている場所には、古墳の跡、お墓、堆積物としての貝塚などがある。インゴルドの「延続の考古学」では、マウンドは地表面にあらわれた生命と成長の源だと見なされる。

そのことは、モニュメントとマウンドの性質のちがいを比較するとわかりやすい。モニュメントは一定のかたちを残すために石や金属をつかい、記念される人物や事柄を半永久的に保存しようとする。それに対してマウンドは、人びとが巡礼におとずれたり、近隣に住む人たちがそのそばを歩いたり、まわりの田畑を耕したり、人間が行動するなかで記憶をつかさどる場所として存在する。それと同時に、多くのマウンドは神聖な場所でもある。宮古島の聖地である御嶽《うたき》を二十カ所ほどぼくが巡礼したときも、平らな土地から目立って小山になって、樹木が密生してこんもりした森に御嶽があることが多かった。本州でいえば神社がある鎮守の森も、もとは奇岩や樹齢を重ねた樹木がある、高台や小高い丘になった土地が聖地になりやすい。大抵そうした聖地には、アニミズムの神霊の由来譚があるのだが、後年それが仏教と習合したり、近代になって神仏分離令で祭神が替えられたりしている。とはいえ、表面上の宗教や祭神は変わっても、物質と場の力を持つ聖地自体は不変だ。モニュメントは時間が経てば風化するが、マウンドが風化することはない。そこには植物や昆虫が住みつき、土は堆積をつづけ、表面を雨水が洗い、年月を重ねてもマウンドは古びない。この指摘はティム・インゴルドの卓見であろう。マウンドは大きくなったり小さく削られたり、さまざまな物質が入れ替わりつつ小山としての存在を保ちつづける、まさに「非有機的な生命」のあり方を象徴するものなのだ。

少し話は変わるが、ぼくは二〇一七年に国際交流基金のフェローシップをもらい、六週間タイとカンボジアを旅した。そのときに初めてタイのナーン県でムラブリの人たちに会った。タイ北部とラオス国境周辺の森で暮らしてきた彼（女）らは、四百人程度の小さな民族だ。オーストリアの民族学者フーゴ・アードルフ・ベルナツィークが一九三六年から三七年の探検で、ヨーロッパ人の民族学者としては初めてムラブリとの接触に成功した。当時はジャングルの奥で狩猟採集生活を送っていて、村や家をもたない完全なノマドだった。タイ人やモン人やラオ人などまわりの民族を警戒するので接触も極度に少なかった。バナナの葉で寝床をつくるので、ピー・トング・ルアング（黄色いバナナの葉の精霊）と呼ばれた。モン＝クメール語系のムラブリ語を話すこの少数民族は、一九七〇年代から八〇年代にかけてタイ人に再び「発見」されて、タイ側では森をでて定住化が進んできた。

二〇一七年にムラブリの村を訪れたときに映像を撮って、五分ほどの『黄色い葉の精霊』という短編映画をつくった。その後、二〇一八年から一九年にかけて、ムラブリ語を研究する言語学者である伊藤雄馬さんと協働し、ラオス側の森でノマド生活をするグループを探して、『森のムラブリ』（二〇一九年）という長編の民族誌映画を製作することになった。初めてナーン県のフワイヤク村を訪れたときは、竹で編んだだけの小屋に住み、炭火で調理するムラブリの簡素な生活に驚いた。ビスケットや豚肉などをみやげにもっていくと、長老のパーさんたちがお礼に、竹で簡単な柱をつくり、バナナの葉を屋根とじゅうたんにする寝屋のつくり方を見せてくれたので、それを映像で記録した。

簡素な生活といっても、それはぼくたちの文明と比較したときの尺度にすぎず、もともとムラブリは土地をもたず、田畑を耕さず、ひとつの家をもって定住することのない遊動民の生活を保持してきた。見たところ、彼（女）らは手を巧みに動かし、腰に下げた鉈ひとつで何でもやってしまう。身のまわりのものをつかって火を起こし、またたく間にバナナの葉と竹で鍋や食器をつくった。そして竹筒に豚肉を切って入れて、竹が含む水分で蒸し焼きにする伝統的な調理法を見

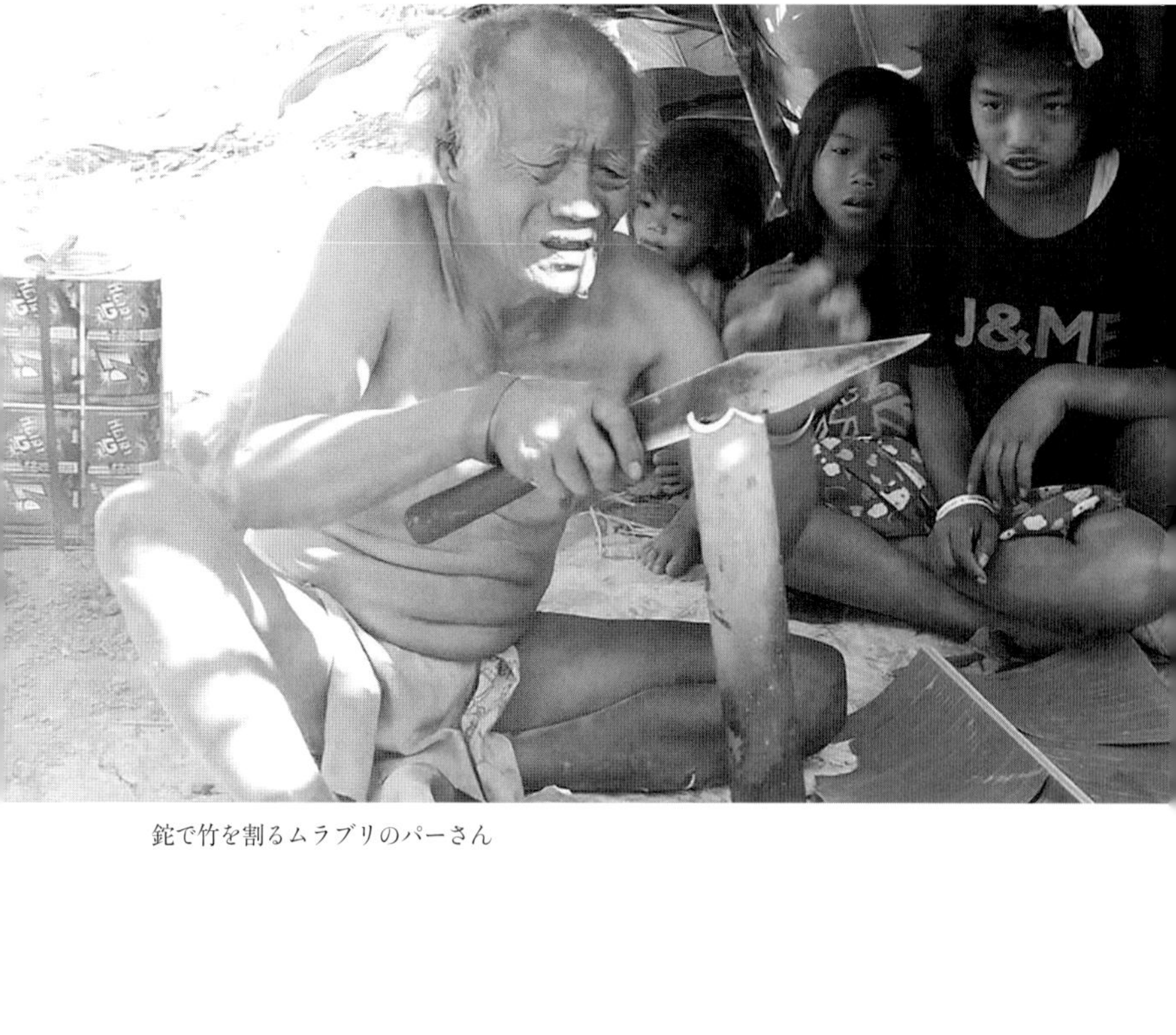

鉈で竹を割るムラブリのパーさん

せてくれた。従来の文化人類学な思考であれば、ムラブリの家づくりや調理法を見たときに、長老のパーさんやその手伝いをする子どもたちのブリコラージュ（器用仕事）を指摘するところだろうか。

けれども、『メイキング』を読んだあとのぼくたちは、もう少し先までいく必要があるだろう。自分が撮った映像を見返すと、パーさんやムラブリの少女は鉈をもって林から竹を切りだし、その葉と小枝を落として小屋をつくり、その竹の枝葉で焚き火を燃やして調理していた。家づくりでは、竹の幹とバナナの葉を織物のように編み、屋根を強化していることがわかった。調理具をつくるときには、パーさんは鉈の刃を竹の木目に沿って縦に割っていた。竹が時間をかけて成長してきた、その方向と流れに応答《コレスポンド》するように。彼があやつる鉈もまた「物質の流れ」に従っている。インゴルドの考え方でいえば、パーさんは頭のなかにあるデザインを物質に押しつけるアリストテレスの質料形相論的な「つくること」ではなく、世界や物質のなかにある成長と持続の方向に従って、それを利用しながらモノをつくっているアルチザンなのだ。

書くこととドローイング

生命や有機物でもないのに作品に生命を感じるということは、ぼくのような物書きや映像をつくる人間にも起こるだろう。文章を書くとき、何のテーマについて書こうとか、どのような構成にしようとか、ある程度は事前のデザインが念頭にある。それは未生の、かたちにならない構想にすぎない。いざ机にむかって書きはじめると、頭のなかの素材をならべていくうちに、思ってもみないかたちをとる。手を動かしながら考えているのだ。ときどき脳が考えているのか手が考えているのか、わからないときがある。それらの素材をくっつけてならし、紙面上でさまざまな冒険と実験をくり返し、何とか自分らしいかたちへまとめあげる。書きあがった文章を読み直してみると、最初に思いついた地点からはかなり遠くまできていることがわかる。まるで自分でつくりだしたとは信じがたい、見慣れぬ生き物を見ているかのようだ。詩、小説、評論、エッセイ、ジャーナルなど、文章のジャンルにほとんど関係なく、書くという「つくること」のプロセスのなかに、何か創造行為の秘密があるようなのだ。

そのような「つくること」の手触りは、ドキュメンタリー映像を製作するときにも如実に感じられる。世界や社会のなかにヴィデオカメラをもって入っていき、さまざまな人にインタビューをしたり、いろいろなできごとの流れのなかに身を浸す。目前でどんどん展開する事象に直面して、その流れに沿いながら、そのときどきに必要なリアクションや応答をする。現実の世界から動くイメージの断片を切りだしてくる作業なのだが、それぞれの断片をなるべく自分なりのカラーやにおいが漂うものに育ててあげる。そうやって収集した映像や音声のイメージを編集するときは、素材が持つ力能を生かし、それを伸ばしてやりながら、切ったり貼ったりして流れをつくる。

素材が持つ力を強め、それが解放される方向へともっていく。映像の編集作業は、撮影前にさまざまな約束ごとを決める台本を書く作業とは根本的に異なる。映像の編集は、どこへたどり着くかわからないなかで素材と対話をつづけ、ひとつの統合的なかたちへと行き着くひとつの旅である。

『メイキング』の第八章「手は語る」を読むと、ティム・インゴルドは「手にできることは、ほとんどすべてだ」と考えている。手は触覚の器官であるだけでなく、手が生みだすジェスチャー、書き言葉、織物や編み物、絵を描くことなどを通じて、この世界のさまざまなストーリーを語ることもできる。そのことを「手の創造性」といわずに「手の人間性」というところがおもしろい。手がひとりでモノを生みだすのではなく、「製作というものはすべて、製作者と素材との対話である」[*4]とルロワ＝グーランはいう。

「ルロワ＝グーランによれば、特定の手の動作を規則正しく反復することは、非常に多くの〈技術的な〉作業にみられるものだ。たとえば槌で叩くこと、縫うこと、削ることなど。職人の心のなかにつくるものの完成形のアイデアがあろうとなかろうと、実際の物の形はリズミカルな動作のパターンから生じるのであって、完成形のアイデアからではない」[*5]。

これをいま一度、書くことのほうへ引きつけてみよう。ハイデガーがタイプライターをつかうことに反対したのも、インゴルドがパソコンのキーボードをつかっていては駄目だというのにも理由がある。なぜなら、ペンと紙のあいだの対話に耳をすませ、素材の反応を引きだし、素材とコレスポンダンスするには、やはり手の動きが必要になるからだ。

　タイプライターをつかって紙に印字すると「手の運び《ドゥクタス》」が失われ、人の体から身振りが失われる。つまりは、そこにある抑揚など無限のニュアンスが失われるとハイデガーは考えた。ティム・インゴルドはその言葉に重ねるようにして、「手で書くことは、世界のなかにわたしたちを存在させることなのだ。そして、世界のなかに存在するときに、わたしたちは真に感じることができ」るのだという。[*6] インゴルドにとって、ドローイング（線描）は作者が頭に描いたイメージの実現ではなく、手と筆が紙面に出会い、相互作用を起こしたときの身体動作の痕跡である。そのように考えると「文字を書くこと」と「絵を描くこと」の境界などないことが理解できてくる。

　二〇一八年夏に、栃木県の足利市立美術館で開催された「涯《ハテ》ノ詩聲《ウタゴエ》」という展覧会がある。手書きで書くことにこだわってきた詩人の吉増剛造さんが、本人が影響を受けた良寛、芥川龍之介、柳田國男、西脇順三郎らの書や書簡とともに、自筆原稿や自作の写真作品などを展示したものだ。驚かされたのは、吉増さんのペインティングのシリーズ「火ノ刺繡」の作品群である。大判の原稿用紙に罫《けい》線からはみでるようにびっしりと、詩篇や書写された言葉が手書きで書かれている。その多くがカタカナばかりつかっているので何かの呪文みたいに見える。懸命に書きこんだその労力を消尽するかのように、そのうえから黒やカラーの高級インクが垂らしてあり、一種の抽象画として完成している。ほとんどジャクソン・ポロックの抽象画のようだ。

　さらに吉増剛造さんは観衆の前で黒い目隠しをして、それをライブ・ペインティングで制作す

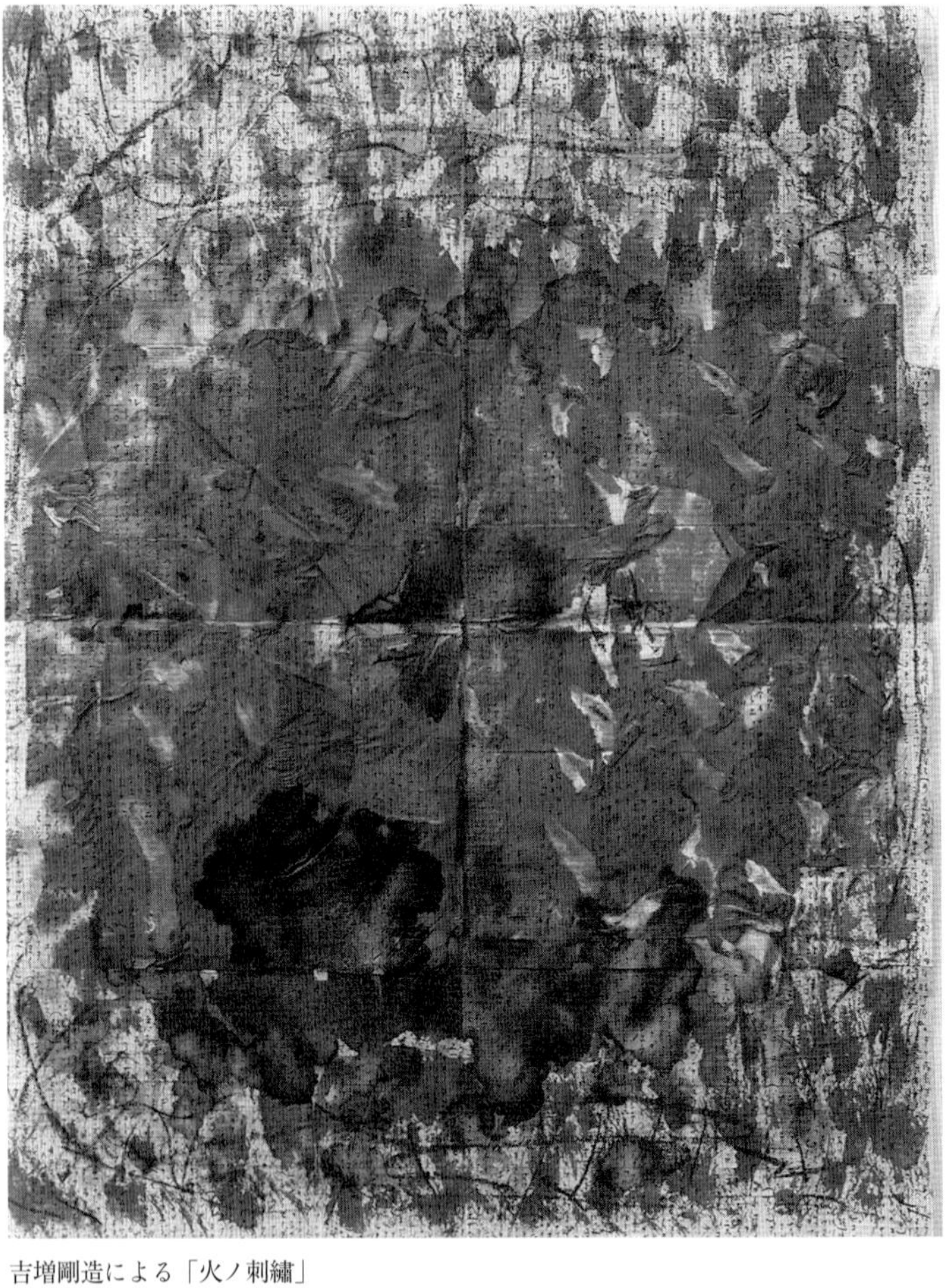

吉増剛造による「火ノ刺繡」

るという試みもおこなった。ぎっしりと文字を書き連ねた原稿用紙のうえにインクを落とすのだが、目隠しをしているのでどんな模様になるかは本人にもわからず、偶然性へと引かれた作品づくりであった。ティム・インゴルドのように「アートの人類学」ではなく「アートと人類学」を志向するのなら、「火ノ刺繍」の背後にある作家の意図や、何から影響を受けたのかを考察することに積極的な意味は見いだせない。むしろ鑑賞者に求められるのは、アーティストの手が宙空に描いたその動きの痕跡をたどることだろう。「火ノ刺繍」を文学作品や絵画作品としてジャンルにくくることは難しい。だが、このドローイングが絵画よりもダンスや音楽に近いことは確かだ。それはインゴルドのいう「時間の流れの表面に生じる渦」をまさに具現化したものに見える。

このようなドローイングは、静止した点と点がつながる「ネットワーク」とは別の何かであろう。なぜなら、ネットワークは静止した空間に描かれる構造物にすぎないからだ。前述のように、ナメクジが移動したあとに残した線をインゴルドはネットワークではなく「メッシュワーク」と呼んでいる。その線は途切れ途切れになりながら、あっちへこっちへと寄り道をして輪をつくったり、たがいに絡まったり、うねりくねって縫うように進む。つまり、メッシュワークは運動する線であり、だんだんと成長する線であり、生成変化の線なのだ。そこでは手や体は描くのではなく、生きている線を成長させる。そのような意味で、「火ノ刺繍」に垂らされたインクの染みは、詩人の身体所作の痕跡であり、メッシュワークであろう。やはり「手の人間性」が見せてくれる活動には、まだまだ無限の可能性が秘められているような気がしてならないのだ。

＊1　ティム・インゴルド著『メイキング　人類学・考古学・芸術・建築』金子遊・水野友美子・小林耕二訳、左右社、二〇一七年
＊2　同前、二七七―二七九頁
＊3　同前、一九八頁
＊4　同前、二三九―二四一頁
＊5　同前、二三九頁
＊6　同前、二五四頁

戦場《いくさば》のホモ・ルーデンス

スンバ島のパソーラ

二月の中旬だというのに真夏の暑さだった。頭に熱帯の陽光が容赦なく照りつける。村をでて海沿いを歩いていると、茅で葺いた屋根を持つマラプの家があった。むっと磯の香りがすると思ったら、ココヤシと檳榔樹《びんろうじゅ》から成る林のあいだに白い砂浜が見え、そのむこうに広大なインド洋が広がっていた。鋭い葉を茂らせるパンダナスの樹が群生する以外には何もない、村の外れの草原にたどり着いた。そこがパソーラの舞台なのだ。

スンバ島はインドネシアの辺境に位置するヌサ・トゥンガラ諸島にあり、その西端にあるボン

ドコディ村はまさに地の果てといった風情だ。少し集落を外れると、人影も家屋もまばらにしかない。だが、その日は一体どこにこれだけの人が住んでいるのかと驚くくらいの群衆が集まっていた。一万人はいただろう。スンバ人はジャワ島やバリ島の住民と比べると濃い肌の色を持つ。帽子やフードをかぶる者、日傘をさす者、流れる汗をぬぐいもしない者が入り乱れて、ものすごい熱量を発している。人ごみをかきわけながら進むと、三百メートル四方の空間を囲むように人垣ができていた。木のうえに登って観戦する子どもや、車の屋根にあがって視界を得ている者もいる。

「トゥルルル、トゥルルルルララッー！」

すぐ近くに立っていた老婆がのどを震わせて、人の声とは思えない、ジャングルに住む野鳥のようなかん高い雄叫びをあげる。それを合図にして、老若男女問わず、群衆のなかから低いどよめきのような喚声が起きる。鼻革と頰革にカラフルな装飾をつけ、首に大きな音のでる鈴を巻きつけた馬に、めいめいの男たちが乗り、草原のこちら側とむこう側で数十人がにらみあう。手には木製の槍をもっている。「それ、行け!」「やっちまえ!」と周囲が声をあげ、馬を駆って草原の中央へでると、それを狙っていたかのように敵側の騎手が走ってきて、たがいに馬上から木槍を投げあう。それは中空でクルクルと回転しながら数十メートルほど飛んでいく。間近で見ると、すごい迫力だ。

パソーラは毎年二月から三月に、コディ地域でおこなわれる騎馬戦の農耕儀礼である。土地の言葉で「パソーラ」は槍のことで、サンスクリット語のスーラに由来するという。インドネシアというとムスリムが多いというイメージだが、二十世紀になるまで欧州の植民地にならなかったスンバ島では、マラプ教という祖霊崇拝のアニミズムが根づいている。有名なのは、茅葺き屋根の中央がとがったマラプの家である。「マラプ」は祖先や祖霊や精霊という意味でつかわれる言葉で、突きだした屋根裏の聖なる空間に宿るとされ、そこに祭壇も設置される。子孫の繁栄や作物の豊穣をつかさどるので、さまざまな儀礼が捧げられる。パソーラもマラプのための祭儀だ。この時期の満月の夜になると、人びとは浜辺へでかけて「ニャレ」と呼ばれるゴカイの仲間を探す。ロンボク島でも同じ慣習が見られるが、ニャレが大量発生すると雨季が終わり、稲作やトウモロコシなどの畑作の植えつけ時期がくるという昔からの教えがあるのだ。ニャレの発生はマラプからの兆しとされ、太ったニャレが多く見られれば、その年の豊作が期待されるという。

ふたたび草原でワッという喚声があがる。敵の陣地まで深追いした馬上の若者は、自陣にもどるときに素早く飛びだしてきた敵の戦士に気づいた。そのときすでに木槍は宙を舞っており、若者が乗る馬の腹にあたった。馬がそれに驚いて飛びはねた拍子に、若者は馬から転げ落ちた。すかさず味方の男たちが駆け寄り、若者を担ぎあげて退場させる。まだ、群衆のなかではどよめきがつづいている。よく見ると、人びとの背後に警備や救助を担当する人たちが控えていた。村と村の対抗戦なので、頭に血がのぼると乱闘になることもあるらしい。となりにいる通訳が状況を説明してくれる。

「あの若者は大丈夫ですよ。むかしは本物の槍をつかいましたが、もう鉄の穂先はつかいません。パソーラの儀礼で死ぬことが名誉とされた時代もありましたが、いまはときどき事故で死傷する人がいるくらいです。しかも、槍があたって敵方の人や馬が血を流し、大地が血で濡れれば、マラプの精霊は喜んでくれます。それで作物の豊穣も約束されるという考えですから、もともとパソーラの儀礼にケガはつきものです」

戦士が投げた槍が飛ぶたびに群衆は息を飲み、敵方にあたるたびに美しい技に感嘆し、暴力的なシーンの発現に興奮する。ちょうどフットボールの試合に見入るのと同じような具合だが、かつては本物の槍をつかっていたところに原始的な血なまぐささがある。ちょうど祭儀とスポーツが、あるいは、戦闘行為とスポーツが未分化な状態にある感じだといえばよいか。スンバ島のパソーラは、本物の戦闘を模倣するという意味では、人類学でいうところの「模擬戦」に分類できるか。文化人類学者の栗田博之によれば、模擬戦は「実際の戦闘行為をまねるようなかたちでおこなわれる疑似的な戦争」だと定義できる。敵味方にわかれ、武器をもち、相手に死傷させない範囲で戦闘をする。とはいえ、あくまでも儀礼化された戦争なので、そこにはスポーツのように一定のルールが存在し、どちらの側にも死者をださないような配慮がなされる。[*1]

ふしぎに思うのは、アルカイックな共同体において、どうして模擬戦のような「儀礼的な戦争」がとりおこなわれたかということだ。いろいろな理由が考えられる。実際に村落のあいだで争いが生じたときにそなえて訓練するという理由もあろう。村と村のいさかいや村内における不平不満を、戦争の代理行為で吐きださせたという面もあるかもしれない。パソーラにかぎっていえば、男性なら誰でも参加できることから、自分の勇敢さを示す絶好の機会として考えられてきた。マラプを喜ばすためにおこなうという意味では信仰と切りはなすこともできない。ぼくが現場で感じたのは、パソーラのような模擬戦に「遊戯の感覚」が漂っていることだ。「遊びはつまり戦いであり、戦いイコール遊びなのだ」と歴史家のヨハン・ホイジンガはいった。[*2] 人類にとって長いあいだ、戦闘は武器をつかう真剣な殺人の行為でありながら、興奮と冒険心を満たすゲームでもあった。戦闘にルールが発生すれば、それは紙一重で闘技や競技といった「遊び」にも変わるのだ。

スンバ島のパソーラ（筆者撮影）

『死せる鳥』のニューギニア

パソーラは模擬戦にすぎないが、スンバ島の東にあるニューギニア島では、実際に流血や殺人をともなう「儀礼的な戦争」が長いあいだおこなわれてきた。アメリカの映像人類学者であるロバート・ガードナーが撮った『死せる鳥』（一九六三年）というドキュメンタリー映画は、ニューギニア高地おけるダニ人の戦争を記録した作品として知られる。さまざまな映像で戦闘の再現シーンを観てきたが、となりあう村落のダニ人が交戦する様子をこの映画で初めて見たとき、ぼくが「戦争」という言葉を聞いて思い浮かべるイメージとあまりにかけはなれていたので、非常に驚いた記憶がある。

映画の舞台は、ニューギニア島の西部（現在のインドネシア領パプア州）にある、四千メートル級の山々に囲まれたバリエム渓谷だ。この地域は一九三八年にアメリカの探検隊が調査するまで外部の文明との接触がなかった。ここに暮らすダニ人やモニ人は金属をつくる技術をもたなかったため、二十世紀に入っても石器時代に近い伝統的なライフスタイルを保持していた。彼らのチョコレート色の肌はオーストラリアのアボリジニーに近く、背丈の低さは東南アジアのネグリート人と共通する。ダニ人はサツモイモやバナナやキャッサバなどを育て、豚を飼育する農耕民族である。草葺きの小屋に住み、野菜やイモや肉を木の葉で包み、そこに焚き火で熱した焼け石を乗せる「石むし料理」をする。男性は伝統的に「ゴサガ」と呼ばれる、ヒョウタンを乾燥させた細長いペニスケースをつけるだけの全裸に近い姿で暮らしていた。『死せる鳥』が撮影されたのは、そのような古来からの生活習慣が残っていた一九六一年の春のことだった。

『死せる鳥』の冒頭で、ダニ人の氏族が二十名ほどで暮らす集落が紹介される。点在する集落のまわりには畑があり、その先には敵対する村との境界に無人地帯がある。そこには、部族戦争の舞台で、現地語でワルバラと呼ばれる小高い丘もそびえる。前線にむかって、六メートルほどの高さの見張り塔が三十カ所に立っている。映画の主人公であるウェヤケというダニ人の戦士は、木製の弓と動物の骨でつくった矢をもち、毎日この塔に登って敵側を見張る。ある日、しびれを切らした敵対する村の男たちが、見張り塔の正面にある草原に火をつけて煙が燃え立つ。「儀礼的な戦争」のはじまりだ。この戦争には特別な呼称はなく、現地の言葉でただウィーム（戦闘）と呼ばれるらしい。ウェヤケが無人地帯の戦場に到着すると、すでに味方の若い戦士たちが前線に集まっていた。頭を鳥の羽根で飾っている戦士もいるが、ほとんどが全裸に近い姿で、手に木製の槍や弓矢をもっているだけだ。両陣営とも百人は超えているだろう。

「フォーオッ、フォーオッ、フォー！」

二、三十メートルはなれたところで、両軍の若者たちが相対し、鳥かけもののようなかん高い喚声をあげる。灌木の茂みに隠れて敵に近づき、槍を投げる素振りを見せるが、たがいに牽制しあうばかりで、なかなか交戦にはいたらない。これはスンバ島で見たパソーラと同じで、戦闘といってもほとんどの時間は、相手の出方を見る探りあいに費やされる。敵側は二週間前に殺された男の報復にきているので、モチベーションが高い様子だ。最初の交戦シーンには独特の緊張感がみなぎる。丘の前に集まり、敵に相対する男たちの姿をガードナーは望遠ぎみのロングショットで撮る。宙空には矢が飛び交っているので、それが本物の戦闘だと実感される。両者とも相手の矢があたるところまではたがいに近づかない。そのような状況下で、撮影と録音をしているスタッフは安全なのかと心配になるが、第三者が見物していても決して危害を加えることはないそうだ。

その日は雨が降ってきて、段々と無人地帯に人が少なくなり休戦になる。戦場に近い小屋へ雨宿りにきた数人の男が、焚き火を囲みながら、今日の戦闘をおしゃべりで振り返るシーンがある。パソーラに似て、ダニ人のウィームにも、日頃の鬱憤を晴らす退屈しのぎや気晴らしの側面があるのだろう。彼らの楽しげな様子から、そこにスポーツを楽しむときのような遊戯的な感覚が流れていることがわかる。一説には、ニューギニア島には千を超える文化的集団があるそうだ。となり同士の集団は『死せる鳥』に見られるように敵対する場合が多いが、それぞれの村や氏族に政治的な統治者はいない。それにもかかわらず、バリエム渓谷における氏族間の戦争では、近代戦争のように条約や協定を結ぶ必要もなく、自然に休戦することができる。なぜなら、このような「儀礼的な戦争」は、目に見えないルールに縛られているからだ。

実際の戦争はかなりの程度儀礼化されています。そこには、基本的なルールというものが存在する。目には目を、歯には歯を、という応報主義というべきもの、味方が一人殺されたら敵を一人殺すということがきちんとルールとして存在していて、そのルールは政治的共同体を超えて働くのです。(……)

戦争状態は一般にかなり長く続きますが、実際に戦闘が行われる場面というのは非常に限られています。まず、自給自足経済に基づいているので、男性が戦士としてずっと戦闘ばかりしていては困る。そのため、敵も味方も一定の期間を置いてすぐに休戦してしまうのです。そして、日常的な仕事をちゃんとこなしておいて、双方とも戦争を再開する条件が整うと、また儀礼的な戦闘を行う。[*3]

映画『死せる鳥』でも、男たちは農作業の合間に「戦争」を再開する。無人地帯で武力衝突が起き、岩肌がむきだしになった丘陵地で敵対する男たちが矢を放ち、走り寄っていって槍を投げあう。そこには、丘のうえから指示をだす指揮官の姿もある。指揮官は疲弊した集団を退却させ、新しい集団を戦場に投入する。すると味方が一斉に押し寄せて、敵側が陣営を崩して敗走する場面がでてくる。鉄や金属がなかったニューギニア島では、戦いにつかわれる弓矢や槍は木や骨でつくられていた。それらの武器で相手に致命傷を負わせ、大量に人を殺すことはむずかしかった。それでも偶発的に死傷者はでる。映画では、尻に相手の矢が刺さった男が退いてきて、年長者に抜いてもらう痛々しい場面があるが、矢に毒は塗られていないので命に別状はない。戦闘で重傷者や戦死者がでたときは、手当てや葬儀をしなくてはならないので、やはり休戦になるという。

そのような儀礼的な戦争にいたる原因は何であるのか。バリエム渓谷の人たちにとって豚は財産である。その豚を数多く盗まれたり、妻や女性が略奪されたりすると氏族間でいさかいが起きる。一番多いのは、味方が殺されたときに復讐する行為である。集落の戦士はおのれの威信にかけて報復し、戦闘の場面にかぎらず、農作業に往復する敵側の女性や子どもを手にかけることもある。栗田博之の区分によれば、ダニ人の戦争は「未開戦」だといえる。そこでは近代型の戦争のように、敵側を屈服させて征服することは目的とされない。戦争に勝利して相手側の土地を奪ったり、占領して富や財を接収したり、敵を支配して奴隷にしたりすることはない。未開戦ももちろん戦闘行為であるが、一定のルールのもとに交戦をくり返すので、その限定を超えて際限なく殺戮をすることはないのだ。[*4]

もっといえば、一見は未開的に見えるダニ人の戦争のほうが、王族のような権威や政治的リーダーの権力をつかわなくても、戦争が肥大化しないように歯止めをかけるメカニズムをもっていたのだといえる。ホイジンガは、そのような特定のルールを前提とする闘争には、高度な文化的機能があると考えていた。「流血の戦い、祭りの競技、模擬戦などはすべて規則に縛られているかぎり、みな基本的な遊びの概念で包括される」[*5]。原始的な社会であろうと古代や中世の時代であろうと、そこに遊戯の感覚が流れていれば、敵味方に関係なく一人ひとりの人間が平等に敬意を払われ、戦いのなかでたがいに認めあうような文化をもち得る。そのように考えると、反対に人類がどの時点からその文化を失ったのかが気になってくる。もう少し近代的な例を見てみよう。

復元される歴史的記憶

ぼくが『死せる鳥』というドキュメンタリー映画を観たときに、めまいにも似た感覚をおぼえたのは、そこに写るはずのないものが写っていたからだ。全裸に近い姿の男たちが弓矢と槍をもち、たがいに戦闘をくり広げるさまは、人類の大半にとって遠い過去の記憶となっている。十六世紀のマヤ文明を描いた『アポカリプト』(メル・ギブソン監督、二〇〇六年)のような再現されたフィクションであれば、そのような映像をつくりだせるが、現実に起きている未開戦を映像に記録することはできないと思っていた。しかし、ニューギニアの高地では外部との接触がなく、タイムラグが生じていたため、ロバート・ガードナーらは現実に戦闘が起きているところを撮影できたのだ。

一八三〇年代に写真技術が発明され、一八九五年に映画技術が完成に達し、一九二〇年代後半にはトーキーがはじまり、三〇年代に入るとカラー映画が普及する。ぼくたちは無意識のうちに、そのような写真・映像技術が発展してきた「歴史感覚」を内面化している。サイレント映画を見れば一九二〇年代以前の映像だと理解するし、モノクロのニュース映像を見れば五〇年代より前のものだと識別する。しかし、近年におけるフィルムの復元技術は目ざましい進歩をとげており、そんなぼくたちの歴史感覚を大きく狂わせるような映像作品が登場している。そのひとつの例が、ピーター・ジャクソンが監督した第一次世界大戦のドキュメンタリー映画『彼らは生きていた』(二〇一八年)である。

このプロジェクトは、第一次世界大戦の終戦百年を記念して、イギリスの戦争博物館が企画したものだ。戦争博物館は自分たちが保管している二千二百時間におよぶアーカイブ・フィルムを新しい方法でつかい、ドキュメンタリー作品をつくってほしいとピーター・ジャクソンに依頼した。彼はニュージーランド出身の映画監督だが、出生前に亡くなった祖父がイギリスの職業軍人であり、第一次世界大戦に従軍した祖父の体験をたどるよい機会だと考えてそれを引き受けた。[*6] フィルムのデジタル復元の工程と、ジャクソン監督の創造的な作為が加味された『彼らは生きていた』は、これまで目にしたことがない種類のドキュメンタリー映像である。それは、ぼくたちの映像に関する歴史感覚を百八十度変えてしまうような作品になっている。

まずは映画の内容を確認しておこう。冒頭の二十五分は、アスペクト比が四:三のモノクロの記録映像で構成される。一九一四年八月にドイツ帝国がベルギーへ侵攻すると、イギリスは海外派遣軍を編成して西部戦線に送りこんだ。映画では、兵士の募集広告とそれを見て集まってきた男たちの記録映像を編集して、それらの映像にBBC放送が三百人もの退役軍人におこなったインタビュー証言の音声をかぶせていく。ナレーションやテロップを使用せず、戦場を経験した生存者の声だけで構成しているところが秀逸だ。ドイツとの戦争がはじまるということで愛国心に鼓舞されたイギリスの若者は、義務感や非日常を求める冒険心にかられて続々と入隊した。なかには「退屈な仕事から解放されたかった」という安易な理由で志願する者もいた。志願兵の資格は十九歳から三十五歳だったが、自分の生年月日をいつわって十五歳や十六歳の少年たちも数多く入隊した。軍服や軍靴も満足に揃わないなか、六週間の基礎訓練を経た若者たちは、ベルギーとフランスの国境付近にあった西部戦線へ投入される。しかし、前線にむかうイギリス兵が目にしたのは、砲撃で木々が折れ、砲弾で穴だらけになった戦場という名の荒野だった。

ここまでのシークエンスで驚くのは、『彼らは生きていた』におけるデジタル修復の精度の高さだ。ぼくは以前、フィリピンの国立映画アーカイブを訪ねたことがある。そのときは、古いフィルムを一コマ単位でデジタルスキャンし、傷やほこりを修整していく作業を見学した。映画はそのようなフィルム修復の作業に加えて、明るさや露出の適正値を割りだして美しい映像に仕上げている。また、一九一〇年代の映画撮影機は手回しクランクだったので、すべてのフィルムが毎秒十六コマや二十四コマに安定しているわけではない。そのようなフレームレートを修正するレストア作業もなされている。

新兵たちが退却してくる師団と交代し、前線にある塹壕にむかう映像の途中で、この映画にあるひとつの奇跡が起きる。四：三の画面が十六：九へと横に広がり、指揮官が馬に乗り、荷車に物資を積み、ヘルメットをかぶった歩兵たちが歩く姿の映像に、見る見るうちに色彩がついてくるのだ。このシーンに初めて出くわしたとき、ぼくは『死せる鳥』を観たときと同じようなめまいを覚えた。これまで写真や映像で見てきた第一次世界大戦の姿は、表面にさまざまな傷や汚れがつき、不鮮明なモノクロのイメージだった。それが突然、作品のなかで現代と変わらない鮮明なカラー映像になってよみがえるのだから、自分の歴史感覚がひっくり返るような経験である。兵隊の制服や小物の一つひとつの色にまでこだわったデジタルの着色作業、人間の顔やまわりの風景に奥行きを与える3D技術、アフレコや音声のミックス作業を経て、遠い昔のできごとにすぎないモノクロの戦争が、現場を生々しく実感できる映像へとつくりこまれているのだ。

その後の映画の展開は、ぼくたちが第一次世界大戦に対して持つイメージから大きく逸脱することはない。イギリス軍の新兵たちは、交代で塹壕の穴掘りと敵の監視任務をつづける。ドイツ軍とのあいだにある無人地帯で目に入るのは、腸が飛びだした馬の死骸や、悪臭を放つ味方の死体ばかり。敵の砲撃が着弾して地面を震わし、空気を切って銃弾が飛びかう。ドイツ軍の地雷が破裂し、毒ガス攻撃がなされるなかで、塹壕における新兵たちの日常がカラーの記録映像で描かれる。映画のクライマックスは突撃のシーンだ。味方の戦車隊が無人地帯に進み、砲撃による弾幕を合図に、歩兵たちは塹壕をでて強襲をかける。ドイツ兵の機関銃が火を吹くと、まわりには手足を失い、頭を吹き飛ばされて命を奪われた仲間たちが地面に倒れていく。背後では「敵前逃亡をすれば射殺する」という司令官が「止まるな、進みつづけろ」と叫ぶ。被弾して負傷し、上官や仲間が一瞬にして青白い死体に変わっていった状況が、当事者たちの言葉で語られる。

〔第一次世界大戦では〕連発銃、機関銃、速射砲などいわゆる過剰殺傷兵器の出現によって、慣用表現を用いるなら、まさに「銃火がすべてを決する」事態が生じたのである。戦いの帰趨を決するのは、もはやかつてのように部隊の配置でも、戦場における部隊移動の厳密な幾何学性でもなく、ただ単に「銃火の力」、つまり連発火器の射撃技術にすぎない。（……）戦場では歩兵たちの決死の波状攻撃が繰り返されることになるだろう。彼らはたしかに歩を進め、突撃し、地を這いつづけるのだが、結局は砲火と敵の視線を避け、地下塹壕に身を横たえるか、あるいは屍をさらす以外なかった。[*7]

第一次世界大戦は、人類史上初めて戦車、機関銃、化学兵器といった大量殺戮兵器が導入されて、国家同士が総力戦でぶつかった戦争として知られる。そのため千数百万といわれる死者をだすことになった。思想家のポール・ヴィリリオはそのことに加えて、望遠鏡、照準レンズ、音響探知装置、偵察飛行機に設置したカメラなど、遠距離から戦場や戦闘のイメージを視覚化しようとした戦争だったことを強調する。同じ時代にニューギニア高地で氏族同士の未開戦がくり返されていたことと比べれば、歯止めの利かない近代的な戦争というもののおそろしさが際立ってくる。

それでは、第一次世界大戦では、それまでの人類がもっていた遊戯性の要素はまったく見られなくなったのか。映画『彼らは生きていた』を見るかぎりでは、そうとも言い切れない。映画の冒頭では、イギリスの元兵士たちが「人生をやり直すとしても同じ選択をする、兵役は楽しかった」「ものすごくワクワクしてた、初めて芝居を見る少年のようにね」と言い放つ。六百時間におよぶ退役軍人たちのインタビューを精査したというジャクソン監督も、「入隊は故郷での退屈な仕事からの逃避だった。それは、若者たちがなぜ第一次世界大戦に入隊したかの理由として得られる最高の証言だ。最初、彼らは入隊を命の危険とは見ていなかった。退屈からの逃亡と冒険として見ていたのだ」と結論づけている。[*8] むろん生存者と死者とでは大きく意見が異なることだろう。この映画のように最新の技術で、第一次世界大戦における戦闘のイメージを現代に復元することはできても、戦場で命を落とした千数百万人の考えを聞くことはできない。

ドローン兵器の非身体性

曇天模様の空の下。バリエム渓谷の大地に座し、褐色の肌をしたひとりの男が縄を結っている。石斧を修復しているのか、木製の柄に刃を縛りつける。ひたむきな男の横顔には、手先を動かす者の満足そうな笑みが浮かぶ。通り雨がすぎ去ったあと、新鮮な空気を胸いっぱいに吸いこみ、全裸の子どもたちが草原を飛びはねる。彼らの名はホモ・ルーデンス。遊びながらものをおぼえ、工夫をこらし、自然に育まれる。いま子どもたちは草むらから乾燥した茎を折り、それを手にして二手にわかれる。彼らの大好きな戦争ごっこ。走り、しゃがみ、投げつけ、跳び、攻撃をするりとかわす。体が躍る。彼らが最初におぼえる遊び。遊びをくり返して子どもたちは戦士へと成長していく……。

銃をバラバラにし、また組み立て直す少年の目に好奇心の喜びがなかったと誰がいえよう。地面に腹這いになり、初めて標的を撃ち抜いた日の興奮をいつまでもおぼえている。彼の名は少年兵。仲間たちと盛りあがり、さらなる冒険を求めて敵のいる異国の地まででかけていく。彼らもまた近代に生きるホモ・ルーデンス。草でつくった槍が金属の銃剣に変わっただけ。彼らに何の罪があったのか。技術が飛躍的に進歩しただけで、彼らは一瞬にして戦場の塵となって消える。時代の移ろいとともに、手のなかで草茎は槍に、槍は銃剣に、銃剣はモデルガンに、モデルガンはゲームのコントローラーへと変わるだろう。闘争本能は遊戯にはじまり、戦闘は少年たちの心を満たす。

世界大戦の悲惨な結末から国際組織が生まれ、冷戦下の核戦争の恐怖を経て、戦争の形態は、民族紛争や宗教紛争という限定的な局地戦へと変わっていった。同時多発テロであけた二十一世紀は、軍事大国とテロ組織による非対称の争いに変わり、戦場は街なかの公共施設や交通機関や礼拝堂へ、砂漠や高原の山岳地帯へと広がった。そんな情勢下でアメリカ軍が無人偵察機プレデターを導入したのは、一九九〇年代半ばのボスニア紛争からだといわれる。その後のイラク、アフガニスタン、パキスタンなどで特殊部隊が作戦を展開するときには、空のうえには必ず航空支援をするドローンの眼があった。

映画『アイ・イン・ザ・スカイ』（二〇一五年）を観るだけでも、プレデターの後継機であるリーパーの性能を充分に知ることができる。映画の物語は、イギリスの諜報機関とアメリカ軍が合同で、ケニアで計画された自爆テロを未然に防ごうとする作戦を描いたものだ。ナイロビの空を飛ぶリーパーをラスベガスのアメリカ軍基地でパイロットが操作する姿には驚く。この機体は六千メートル上空にいて、高性能カメラ、光学センサー、赤外線カメラなどを駆使し、本国にある司令部や政治家の執務室にリアルタイムで作戦を中継する。目標に壊滅的な打撃を与えるヘルファイアというミサイルやレーザー誘導弾を搭載している。さらには、遺体の画像から身元を特定できるシステムや、スマートフォンで操作する鳥型や昆虫型のドローンにバックアップされて、テロ組織のアジトを多元的に可視化する。その一方で、リアルタイムの映像と正確に着弾できる武器という圧倒的に優位な能力を持つために、ミサイル発射の判断をめぐって袋小路におちいる。たまたま殺傷圏内に居合わせた地元の少女を犠牲にしてテロリストを排除するか否かで、政治家や軍人の決断が二転三転するストーリーになっている。

現実の世界においても、休むことなく飛行を継続し、ターゲットを監視するドローン兵器は、空にうがたれた「神の眼」のテクノロジーである。使用する側からすれば、リモート操作するパイロットの安全は保証され、地上部隊の人命を守るのに役立ち、作戦に民間人が巻きこまれるリスクを減らせるという利点がある。ドローン戦争は、地形も建物も敵味方の兵士も視覚イメージによって徹底的に可視化し、戦場にあるすべてを光のもとに照らしだす。無人偵察機を出動させる任務には数十人のオペレーターが関わるというが、突き詰めていえば、それを操作する主体は、視覚装置を操作するセンサー・オペレーターと機体を操縦して空爆をおこなうパイロットの二者である。

基地内のモニターと操作卓の前にいるパイロットは、ゲームと同じように照準をあわせてボタンを押す。すると、数千キロはなれた空中にいる無人偵察機から爆弾やミサイルが発射される。そこには、実際の人間が血を流して命を失うイメージは希薄であろう。せいぜい、センサー・オペレーターが標的の死体を映像で確認し、作戦の評価を分析するくらいだ。戦闘に参加するホモ・ルーデンスの底に流れていた遊戯性は、いまや操縦桿とモニターから成るゲーム的なシステムに集約された。ならば、テクノロジーの究極的な発展によって、ついに戦闘と遊戯は完全に一体になったといえるのか。

ポール・ヴィリリオの考え方を借りれば、ドローン兵器は映像技術（動かない乗り物）と飛行技術（動く乗り物）の完全な融合といえる。ヴィリリオに『瞬間の君臨』という著書があるが、フランス語の原題は「イネルシー・ポレール」であり、訳せば「慣性を持つ不動の極」という意味になる。それは「本来動いているものが静止し、一方でその静止しているものの周りが動くことによって、動いているのと全く同じ知覚情報が生まれること」を指す造語である。[*9] ドローン兵器のパイロットがおかれている状態は、まさに運動状態を内側に抱えた不動の点であろう。しかし、実際にそのような「神の眼」の状態でいることに人間は耐えられず、精神の失調すら起きる場合がある。少なくとも、物語映画はそのような葛藤をくり返し描いている。『ドローン・オブ・ウォー』（アンドリュー・ニコル監督、二〇一四年）では、ラスベガスのアメリカ軍基地内にある無人偵察機のコンソール（操作卓）の前に座し、異国の地を空爆するパイロットが主人公になる。彼の精神は、他者の生命を自由に剝奪できる能力や、身体的な実感をともなわない新しい戦闘形態に耐えられなくなる。ドローンと誘導型ミサイルは、さまざまなカメラとセンサーによって人間の視覚と聴覚の機能を拡張し、必要なあらゆる現象を感知する。しかし、そこには戦闘するホモ・ルーデンスにとって重要なものが欠如している。たとえばそれは、大地を踏みしめて走る足裏の感触であり、血と汗のにおいを嗅いで興奮する頭蓋であり、空気を切り裂く矢におぼえる戦慄である。古来から戦う人とは遊ぶ人間のことだった。生産的で勤勉な人たちを尻目に、彼らは暇を持てあますことに誇りをもち、常に気晴らしを求める種族だった。おそらく戦闘から身体感覚が失われたときに、戦士たちはホモ・ルーデンスではなくなった。あとに残されたのは、軍隊と兵器というシステムの一部分として駆動する体の亡霊にすぎないのではないか。

*1　栗田博之著「戦争の人類学――ニューギニアの戦争と儀礼」『顕わすシンボル／隠すシンボル』ポーラ文化研究所、一九九三年、一六八頁
*2　ヨハン・ホイジンガ著『ホモ・ルーデンス』講談社学術文庫、二〇一八年、八三頁
*3　「戦争の人類学」一七六―一七七頁
*4　「戦争の人類学」一五八―一五九頁
*5　『ホモ・ルーデンス』一六〇頁
*6　「Director Interview」『彼らは生きていた』プレスリリース、アンプラグド刊、二〇二〇年
*7　ポール・ヴィリリオ著『戦争と映画』石井直志・千葉文夫訳、平凡社ライブラリー、一九九九年、二二八頁
*8　「Director Interview」『彼らは生きていた』プレスリリース
*9　ポール・ヴィリリオ著『瞬間の君臨』土屋進訳、新評論、二〇〇三年、五三頁

悪魔たちの交感《コレスポンダンス》——マイケル・タウシグ小論

〈自然〉はひとつの神殿、その生命《いのち》ある柱は、
時おり、曖昧な言葉を洩らす。
その中を歩む人間は、象徴の森を過《よぎ》り、
森は、親しい眼差しで人間を見まもる。[*1]

エピグラフにあげたのは、シャルル・ボードレールの詩「万物照応」の一節である。思想家のヴァルター・ベンヤミンは、コレスポンダンス（万物照応、調和、交感などと訳せる）という題のこの詩について考察している。それによれば、人間の記憶には物語化されるエピソード記憶や、

体によって習慣化される記憶があり、両者は人間による「意志的な記憶」といえる。しかしベンヤミンは、人間の脳や意識や体から独立して過去が登録され、知性の領域外にあって事物のなかに隠れ、モノがもたらす感覚によって呼びさまされる「無意志的な記憶」があると考えた。それが「万物照応」という詩において、「遠くから混りあう長い木霊《こだま》さながら、／もろもろの香り、色、音はたがいに応《こた》えあう」という共感覚を表現したフレーズでボードレールがいおうとしたことだろう。簡単にいえば、コレスポンダンスは「わたしの心が体験したことではないもの」である。

　ベンヤミンの考えによれば、人間の脳や意識は外界からの刺激を受容するだけでなく、外界の巨大なエネルギーからみずからを防御する弁の役割を果たす。莫大な刺激のすべてを受け入れるのではなく、必要なモノや感覚だけを選びとって「意志的な記憶」に変える。つまり、無意志的な記憶を抑圧することで正気を保つのだが、ふとした瞬間にそれが一挙に流れこんでくる。[*2]ボードレール的なコレスポンダンスの例として、占星術や神羅万象におけるアニミズムといった、自然の摂理と人間の感覚との響きあいがあげられる。特異な例では、視覚や嗅覚などの異なる感覚器官が相互に共鳴する「共感覚」もある。体の外の刺激に対して、秩序立った知性や感覚が一時的に混乱し、たがいに共鳴しあう感覚の森のなかで、みずからの生を自然の一部だと実感するような瞬間のことだといえる。

　文化人類学者のマイケル・タウシグは、『金枝篇』を書いたジェームズ・フレイザーの言葉でいえば、コレスポンダンスは「共感呪術」の一種だという。これはどういうことか。ある人に危害を加えるべく相手の人形《ひとがた》をつくって呪ったり、雨乞いのために雨雲をまねて黒い煙をたき、雷鳴をまねて太鼓を演奏するなど、類似したもの同士がたがいに影響しあう原理を利用した模倣の呪術である。コレスポンダンスの経験は、個人的な過去が集合的な過去と記憶のなかで結合することだとベンヤミンはいい、儀礼や祝祭がふたつを融合させるのだと考えた。それを引きついだタウシグは、供犠や贈与など日常とは異なる礼拝行為のなかで、モノと必然的に出会わされるときの感覚によって、みずからの意識が退《しりぞ》けていた「無意志的な記憶」が呼びさまされるという。彼がその具体的な例だと見なして考察したのは、南米コロンビアの民衆における「悪魔との契約」の迷信であった。

マイケル・タウシグは一九四〇年生まれのオーストラリア出身の文化人類学者で、長らくコロンビア大学で教鞭をとった。一九六九年にコロンビア南西部にあるカウカ県やプトゥマヨ県にフィールドワークで入り、四年にわたってアマゾンの熱帯雨林を含む地方で調査をつづけた。この地域では、コーヒー、カカオ、天然ゴム、バナナ、砂糖きび栽培などが主な産業である。十六世紀にヨーロッパ人はインディヘナ（先住民）を虐殺したあとで、プランテーションの労働力として酷使した。そのために人口が減り、今度はアフリカから黒人奴隷を連れてきて鉱山や砂糖きび畑で働かせた。その後は、先住民、ヨーロッパ系、アフリカ系の三者が複雑に混血しあう（メスティーソ、ムラート、サンボなど）社会になったが、タウシグが調査に入った六〇年代後半頃から、

アメリカの化学肥料や耕作機械が入ってきて小規模な農家が荒廃し、富裕層が所有するアシエンダ（大農園）で多くの人が小作人や労働者として働くようになった。小規模な農家が貧に窮して、肥沃な土をレンガ工場に売り、大きな穴が残されるといった悲惨な光景も見られた。

マイケル・タウシグの最初の著書『南アメリカの悪魔と商品の物神崇拝《フェティシズム》』は、先住民や黒人奴隷の末裔から成るコロンビアの民衆が、外国から入ってきた大資本（プランテーションや化学肥料会社）によって、望まないのにプロレタリアート化されたと論じる。それと同時に、一九七二年頃から民衆のなかで悪魔と契約した人がいるという噂話や迷信が広まった。タウシグが料理人の女性たちから聴取したところでは、歩合制で働く大農場の小作人のなかに悪魔と契約した男がいて、すごいスピードで砂糖きびを刈りとっては荒稼ぎをするという。しかし、そうやって稼いだお金は生活必需品につかうことはできず、バター、酒、上物のシャツ、サングラスなど贅沢品にしかつかうことができない。悪魔と契約するには黒猫の体から心臓を摘出して呪文を唱えるとか、呪術師がつくった小さな人形をもっている者は悪魔と契約した人間で農場の監督者からクビにされるとか、直接の知りあいではない人物からの伝聞として噂された。[*3]「悪魔と契約した人の農場では砂糖きびが根元から腐ってしまう」という迷信は、とてもわかりやすい例だろう。海外から入ってきたグローバル資本の力によって伝統的な農業ができなくなり、自分たちの土地を追われ、労働者として疎外される近代的な社会矛盾が起きたとき、民衆は民間信仰とカトリックが混淆するフォークテールの語彙をつかって、それを理解しようとしたのだ。

ぼくがマイケル・タウシグの著書の翻訳を進めていたとき、山形国際ドキュメンタリー映画祭で『大地、記憶、未来の私たちの声』(一九八一年)というコロンビア映画が上映された。監督のマルタ・ロドリゲスは八十歳を超えていたが、病気をおして来日し、ぼくは車椅子に座る伝説的な映画作家とロビーで話すことができた。彼女はフランスで人類学と映画製作を学んだあとで帰国し、一九七三年から八一年にかけて仲間たちとカウカ県の先住民地域で撮影を進めた。[*4]同時代のボリビアにおけるウカマウ集団を思い浮かべればイメージしやすいが、農奴や労働者として抑圧されていた先住民の解放闘争の一環として映画を撮り、その教化のために上映運動を展開したのだと語った。作品を観ると、カウカ県で先住民たちが人権に目ざめ、政府や資本家に抵抗するべく農具を片手にデモへ集結し、地域会議を組織して祖先の土地を取りもどそうとする姿がモノクロの十六ミリフィルムに焼きつけられていた。

映画『大地、記憶、未来の私たちの声』より
悪魔の仮面をかぶった資本家のシーン
提供・山形国際ドキュメンタリー映画祭

たしかに『大地、記憶、未来の私たちの声』は、闘争映画《ミリタント・シネマ》にちがいないが、その一方で、コロンビアのポスト植民地における複雑な社会を表象するべく、マイケル・タウシグがフィクションを駆使して人類学的エッセイを書いたように、マルタ・ロドリゲスも映画に幻想的なミザンセーヌ（演出）をもちこんでいる。それは何度か登場する悪魔の場面である。シルクハットをかぶり、タキシードを着て、豊かな顎ひげをたくわえた資本家の男性が馬に乗って荒野をやってくる。先住民たちは草むらに隠れてその姿を見つめる。すると、資本家は顔に悪魔の仮面をかぶり、やがて奇妙にゆがんだ悪魔の顔そのものに変わる。悪魔を見つめる先住民の眼のクロースアップと、大写しになった悪魔の顔が切り返しショットで衝突する。ロドリゲスはインタビューで、悪魔のイメージは「先住民たちが話してくれたアンデス地方の神話」を基にしており、マスクはカウカ県のカリ市に住む先住民の友人がつくったものだと話した。[*5] 武器と疫病をもって侵略してきたスペインの植民地主義者たちの再来のように、今度は金銭の力で彼らをねじ伏せようとしてくるアメリカの巨大資本を、コロンビア南西部の民衆は「悪魔」と見なしたのだ。

このような現象は、未開社会と呼ばれるフィールドを調査し、その民族における宗教、経済、社会、親族の構造を論文によって明らかにする古典的な文化人類学の方法では説明することができまいとマイケル・タウシグは考えたのか、『南アメリカの悪魔と商品の物神崇拝』では、カール・マルクスが『資本論』のなかでつかったフェティシズムという概念を利用した。その言葉は元来、西洋のキリスト教徒が大航海時代にアフリカなどの植民地へ進出したときに、現地民がつくった木像をカミや精霊として偶像崇拝しているのを見て、「あれはフェティッシュ（物神崇拝）だ」と考えたところからきている。

ところが、近代の資本主義社会の時代になると、モノが商品としてあらわれるや否や人間は事物につよい愛着をおぼえ、自分がつくった商品に人間が支配されるようになった。材料をつかって人間が労働した結果、その使用価値が生みだされたのではない。商品の交換価値がフェティシズムを発揮するのでもない。「近代における生産の様式への批判として、現実的な事物に対する、わたしたちの想像的で呪術的な反応を可視化することが、わたしの戦略だった」とタウシグは述べている。[*6] 人類とモノとの関係をさぐる人類学では、アニミスティックな未開社会において偶像にスピリチュアルな力が宿るだけでなく、高度の資本主義社会における商品にまでフェティシズムが貫かれていると考えるのだ。

マイケル・タウシグがコロンビアの調査に入ったとき、先住民、アフリカ系、混血系の民衆の大半がカトリックを信奉していたが、それは土着のインディヘナや西アフリカの精霊信仰と習合するかたちで受け入れられた。だから、ここでいう悪魔は純西洋的なものではなく、精霊や悪霊のような半土着化されたイメージだと考えたほうがいい。一九六〇年代後半まで、南西部の農民は自分の土地をもち、熱帯雨林の気候を利用し、一年をつうじて果実を実らせる樹木作物によって定期収入を得ていた。ところが、そこへ欧米流の大規模農場が入ってきて、ブルドーザーや殺虫剤を導入して商品作物の大量生産を目指した。人びとの農地は次々とプランテーションに飲みこまれ、農民は出来高制の賃金払いで働く労働者に変貌した。[*7] そのような巨大資本や近代的な経済システムの全体を、民衆は慣習的なイディオムをつかって「悪魔」だと批判した。前近代的な共同体では、人びとが直面するフラストレーションや問題に対して呪術的な説明がなされ、呪術の力や宇宙観をつかって心の治癒行為《ヒーリング》がおこなわれる。悪魔と契約した大農場の砂糖きびが根から腐り、悪魔の力を借りた小作人が荒稼ぎしても貯蓄ができないというフォークテールは、きびしい社会現実のなかで不当な貧しさに追いこまれた民衆の心を慰める働きをしたのだ。

　しかし、これは一九七〇年代のマルクス主義的解釈だった。マイケル・タウシグは近年書いた「太陽は求めず与える」（『ヴァルター・ベンヤミンの墓標』二〇〇六年刊に所収）という文章で、ジョルジュ・バタイユの贈与論を参照し、「悪魔との契約」の別の側面を掘りさげる。バタイユは『呪われた部分』で、金銭と商品など等価なものを交換するせまい意味での限定経済学ではなく、自然、生命、文明を包含するエネルギーについての普遍経済学を提唱した。原始社会の供犠で捕獲した動物の命が神に捧げられるとき、何か有用性があってそれをおこなうのではなく、ただ消費するために蕩尽する。供犠、祝祭、見世物、クワキウトル・インディアンのポトラッチ儀礼では、気前よく浪費し、理由なく消費する行為こそが賞賛される。そのような「有用性をこえる蕩尽」は、それをおこなう人物に、常識を超えた至高性（神々に近い聖性を持つ権威）を発揮させる。至高性は、政治、宗教、道徳、法などに従属しない内的体験であり、首長や王や神々に見いだしやすく、奴隷や労働者には少ない特性だという。人は至高者に接したときに奇蹟的な感情におそわれ、そこに聖なるものが発生する。

バタイユがいう「太陽」は、見返りを求めずにエネルギーを与える至高者そのものだ。マイケル・タウシグは悪魔やそれと契約した者たちに、太陽や神々や王とは異なるが、何らかの至高性が見いだされるかもしれないと考え直す。しかし、悪魔は有用性のない浪費をする意味では至高性と関係がありそうだが、常に取引し、代償を要求する点では至高者ではない。一方で、人間とモノとのあいだに神秘的な何かが発生しているのは確かだ。前近代的な共同体では偶像への物神崇拝があり、近代になっても商品へのフェティシズムが存在する。ベンヤミンやタウシグは、その神秘を解く鍵がボードレール的なコレスポンダンスにあると考えた。それは一種の共感呪術であるから、自然を模倣することで特別な力を発揮する。

人間はモノから成る世界に囲まれているが、「無意志的な記憶」を抑圧し、脳や意識で処理できる「意志的な記憶」を選びとる。しかし、ボードレールのような詩人が持つ交感する能力（自然を模倣する能力）は、さまざまな事物がもたらす感覚によって「無意志的な記憶」を呼びさます。それがコレスポンダンスだ。バタイユ的にいうなら、人間は人間でありつづけるために、自然や本能に回帰することを法や道徳や宗教によって禁止する。その禁止をやぶって生命の根源を取りもどす試みが「侵犯」である。侵犯には有用的な生産と結びつかずに消費する「遊び」や、それが共同的におこなわれる「祭儀」や「祝祭」の行為があり、極めつけは、自分は安全地帯にいて他者や動物の生命を死にいたらしめる「供犠」がある。禁止されたことを侵犯することで、日常の秩序立てられた知性が混乱し、意志的な記憶と無意志的な記憶が混ざりあい、共鳴し乱反射する無数の感覚のなかで、みずからの生が自然（事物の集合体）の一部にすぎないと実感する。そのようにモノと出会い直す儀礼において、コレスポンダンスが起きるのだとベンヤミンは考えた。カトリックから見たら異教的で悪魔的ともいえる人間とモノとのあいだの霊的な交流は、言葉に呪力があるとする詩人やアニミズムの世界観では意外と受け入れやすいのではないか。最初は資本家の顔をしてやってきた悪魔も、数十年のときが経つにつれて変容し、モノと人間の関係を再考する現代的な人類学によって、積極的な意味を見いだされようしているのかもしれない。

＊1　ヴァルター・ベンヤミン著「ボードレールにおけるいくつかのモティーフについて」『ベンヤミン・コレクション1――近代の意味』久保哲二訳、ちくま学芸文庫、一九九九年、四六〇頁
＊2　同前、四二七―四二八頁
＊3　マイケル・タウシグ著「太陽は求めず与える」『ヴァルター・ベンヤミンの墓標』金子遊・井上里・水野友美子訳、水声社、二〇一六年、一三〇―一三二頁

＊4　「マルタ・ロドリゲス監督インタビュー」採録・構成：沼沢善一郎、山形国際ドキュメンタリー映画祭公式サイト　https://www.yidff.jp/interviews/2015/15i078.html

＊5　同前

＊6　Michael Taussig, *The Devil and Commodity Fetishism in South America*, The University of North Carolina Press, 1980, p.10　筆者訳

＊7　「太陽は求めず与える」一二四—一二五頁

憑依芸能の社会学

これまでブラジルのウンバンダや、ベナン共和国のヴォドゥンなど、精霊がダイレクトに人間に憑依する儀礼を意識的に調査してきた。ところが、二〇一九年の秋にジャワ島中部のジョグジャカルタ近郊の集落で見ることができた「ジャティラン」という憑依芸能では、言葉にならないほどの衝撃を受けた。そこで、ぼくはフィールドワークの方法として映像と写真をつかうことが多いので、芸術人類学研究所の職員と学生アルバイトの助力を得て、二〇二一年十一月に多摩美術大学図書館のアーケードギャラリーにてインスタレーション展示に挑戦した。写真パネル二十七枚と二面マルチの映像によるインスタレーション作品《憑依の宴 ジャワ島のジャティラン》を展示し、祭り場の雰囲気を再現することを試みた。また、シンポジウムにて同じテーマで基調

報告をした。映像人類学的なフィールドワークは作品を完成して終わるのではなく、「自分が撮影した儀礼が何であったのか」と問うところから何年にもおよぶ研究がはじまるのだと思う。

若者による憑依芸能

二〇一九年九月に、ジョグジャカルタ近郊にあるガンピン地区のグヤンガン村でおこなわれた憑依芸能「ジャティラン」のフィールドワークと撮影をおこなった。「ツロンゴ・プスポ・ケンコノ」という、複数のシャーマン、若い男女の踊り手、ガムランや銅鑼《どら》を中心とする楽団から成るグループによるパフォーマンスを調査した。多くの場合、村の大掃除の儀礼や結婚式、少年の割礼式など、特別なときにスポンサーとしてお金を払う人間や村長などがあらわれて、ジャティランのグループが呼ばれるという。[*1]

最初に、町の広場に会場が設営された。四方を鉄パイプで囲った祭り場で、中央にクダ・ケパンという竹で編んだ型に、足のない馬の絵をカラフルに描いたものが用意される。その前で、パワンと呼ばれるシャーマン（＝トランス・マスター）の男性が、精霊の食べ物とされる薔薇などの花びらやお香によって、精霊たちを招喚する儀礼がおこなわれた。祭場の隅には、精霊に憑依された踊り手に食べさせるため、円錐形に盛られたご飯、鶏の唐揚げ、バナナなどの果物、飲み物が準備された。子どもや青少年から大人までがジャティラン見物に集まったが、場がヒートアップしてくると見物人のなかからもトランス状態になる者があらわれた。

儀礼が終わると出し物がはじまった。四人から八人くらいの少年の踊り手が、竹で編んだ馬とむち（または木製の剣）を手にもち、ババックと呼ばれる幕ごとに登場。ジャティル（若者）と呼ばれる踊り手の華美な衣装は、十三世紀から十五世紀にかけてジャワ島中部で権勢を誇ったマジャパヒト王国の兵士の姿を模すといわれる。馬に乗る十代のハンサムな兵士たちという設定だ。馬踊りの最中に馬の精霊に憑依された青年たちは、動物のように振るまい、草を食《は》み、線香を口で噛む。用意された大型のバケツに水がはってあり、その水面には精霊が好む花びらが浮かせてあった。喉が渇くと、ジャティルたちは馬のようにバケツの水をがぶ飲みした。

伝統的に踊り手は少年や青年が担ってきたが、近年はきらびやかな衣装の女性グループも増えている。ジャティルは、地元の貧しい農家の息子や、都市部の労働者などがつとめることが多い。楽隊はガムランや銅鑼など伝統的な楽器に加えて、アンクルンという竹製の打楽器、近年はドラ

馬踊りするジャティル

ムスやボーカルを入れたポピュラー音楽のスタイルをも取り入れている。ワヤン・クリ（影絵芝居）の楽団に近いと考えればよい。

最初のうちジャティルは振り付けられた群舞を踊り、戦闘を模した剣舞を披露する。彼らがむちを地面に打ち、花びらが祭場にまかれることで、目に見えない祖先霊や森に住む動物霊がやってくる。そして、踊るうちに青年たちは霊的存在に憑依され、失神して地面に倒れる。そこで「パワン」と呼ばれるシャーマンたちの出番になる。パワンは倒れたジャティルたちをあやつり、ひとり一人を起こしていく。すると、トランス状態になったジャティルたちは、見事な舞いを踊るようになる。

ジャティルは羞恥心を失った状態にあるので、日常では絶対にしないような行動にでる。草を生のままで食べ、ガラスや剃刀《かみそり》の刃を口に入れて嚙む。あるいは、燃える炭の上を歩いても平気で、むち打たれても何も感じず、オートバイにひかれても平気だという。あたかも、彼らが精霊に憑依されたことを観衆に証明するかのように、パワンとジャティルによって眼前でおこなわれる。ここにジャティランが憑依儀礼と一線を画し、「憑依芸能」と呼ばれるべき見世物的な一面がある。

トランス状態にあるジャティルは本能的かつ無意識的に振るまうので、コントロールが効かないこともある。祭場の地面を転げまわって暴れ、深い恍惚状態におちいって目を閉じたまま震え、動物そのものになって観衆におひねりをせびる。祭り場はカオス状態になる。トランス状態に入ることは、日頃の鬱積したストレスの発散にもなる。集落の観衆にとっても、それはよいことだと考えられ、村の人たちは精霊が憑依した若者に食料や飲み物を与える。それが精霊たちへの供物になると考えるからだ。

シャーマンの役割

若者たちに憑依して気ままに振るまう精霊たちは、やがて祭場から退場しなくてはならない。パワンが、ジャティルのひとり一人をトランス状態から解除すべく、悪魔祓い（エクソシスム）をする。パワンはジャティルの胃から食道や喉にかけて、あるいは背中から頭頂部あたりへ精霊を押しだし、目に見えない存在をつかんで放す行為によって除霊する。深いトランス状態にある場合、少しずつ精霊を彼の上半身へと移動させ、口腔部や頭頂にある泉門から精霊を外へだしていた。深いトランス状態から目覚めるとき、ジャティルは目を大きく開け、白目を剝いて苦しそうにも見えた。除霊が終わったあとは虚脱状態や極度に疲労した状態になる。少年や女性のジャティルは自分で歩けないこともあり、控えていた会場係が裏にある楽屋まで運んでいた。

祖先霊や動物霊がジャティルに憑依するときの合図や兆しはないが、パワンが地面をむち打つことで精霊を呼びこむようだ。祭場に花びらがまかれたときは、それに触れた女性のジャティルたちが一斉に集団トランスに入った。このように祭場に精霊を呼びこみ、憑依された人間の体から追いだす制御はパワンたちがおこなう。そして、踊り手や会場係や観衆など憑依されたすべての人の憑依状態を解除したところで、その幕は終わることになる。

パワンは、黒魔術や白魔術をあやつるとされる。雨乞いをしたり、失《な》くし物を見つけたり、呪術で村人の役に立つ。一方で、媚薬をつかって誰かのために異性をとりこにするなど、黒魔術もつかう。西アフリカやブラジルのヴードゥー系の憑依儀礼では、踊り手に憑依した精霊に観衆が卜占をしてもらい、予祝《よしゃく》を与えてもらうことが重要な要素だった。だが、ジャティランにはその過程はない。現地で集めた伝聞によれば、パワンがジャティランを開催する前後に、希望する人に卜占やヒーリングをおこなうことがある。パワンには修行や訓練でなるのではなく、生来その能力を持つ人物がなるという。職業としては教師や警察官が多い、という情報も興味ぶかい。ジャティランで使用される衣装やクダ・ケパンなど必要な道具を所有するのはパワンで、一般的には踊り手よりも収入がよいとされる。

ジャティランに登場する精霊

祭場には、兵士に扮した踊り手だけでなく、ジャティランの原型とされる伝統芸能レオグ・ポ

精霊に憑依されたジャティルを除霊するパワン

ノロゴの精霊や歴史上の人物も登場する。ポノロゴはジャワ島中部にあった王国で、それにまつわる伝説が豊富にある。たとえば、コロノ・セワンドノはこわい顔をしたポノロゴ王で、ジャティランでは仮面をかぶり、堂々とした衣装を着て誇らしげに演じられる。ブジャン・ガノンは武道に秀でた将軍で、アクロバティックな演技を見せて子どもたちに人気だ。バリ島のバロンと異なる容姿のシンゴ・バロン王は、森の動物を統べる獅子であり、伝説では孔雀やほかの動物たちから成る軍隊を率いた。白いバロンはシモ・バロンと呼ばれ、グヤンガン村では赤白合計四体が登場した。大きな口、長い顔は今にも噛みそうなけものに見え、獅子よりも龍に似ている。

イノシシの精霊であるチェレンが憑依する踊り手は、体が大きく太めな体型をして、顔にメーキャップを施す。チェレンが登場するときは祭場の隅に泥水の池が掘られ、そこで水浴びをして観衆を楽しませる。[*2] ほかにも、カエルや犬の動物霊が人間に憑依した例も目撃した。そして、演奏者や会場係や観衆がトランス状態に入ることも起きた。カエルの精霊に憑依された会場係の男は、目を大きく剝きだし、舌をぺろぺろとだし、ぴょんぴょんと祭場をカエルのようにはねまわった。犬の精霊に憑依された男は、観衆から札金をもらって口にくわえ、祭場を縦横無尽に駆けまわった。パワンにつかまって除霊されそうになるたびに逃げて観衆の笑いをとった。ジャティランは午前中にはじまり、夕方になると場が熱してきて、みなが同時に憑依する集団トランスが起きた。自分の出番を終えて、ほかのグループの踊りを見ていた青年も再び憑依された。一度、トランス状態を経験すると何度も入りやすくなるらしい。

イノシシの精霊チェレン

社会的な背景

「ジャワ島の馬踊り」は、ジャラナン、ジャティラン、クダ・ケパン、クダ・ルンピンなど地域によって呼称が異なるが、内容は共通している。前述のようにジャティランのルーツは、レオグ・ポノロゴという民衆のダンス芸能にある。いくつかの研究論文を参照すると、その起源には諸説があるが、十五世紀頃のジャワ島にイスラム教が入ってくる前からあった芸能だと考えられている。[*3]ジャティルは十五世紀のマジャパヒト王国の兵士とも、十六世紀の新マタラム王国のそれとも、十八世紀にオランダからの独立のために戦ったディポヌゴロ王子の軍隊だともいわれる。精霊が人間に憑依する儀礼という面では、ジャワ島にヒンドゥー文化が入る以前の、古代ジャワの信仰にまで遡るとする考えもある。

ジャティランがポピュラーになった時代は、一九六〇年代後半からスハルトが「新秩序」をとなえて民衆に圧政をしき、近代化した三十年間だったという指摘がある。独裁体制下におけるストレスを、民衆は憑依芸能によって発散させたというのだ。[*4]ジャワ島の公式的な宗教であるイスラムに、ジャティランが認知されることはないが、現代にいたるまで人気のある民衆芸能として存続している。なぜなら、憑依芸能には集落のコミュニティを活性化し、人びとの絆を強める効

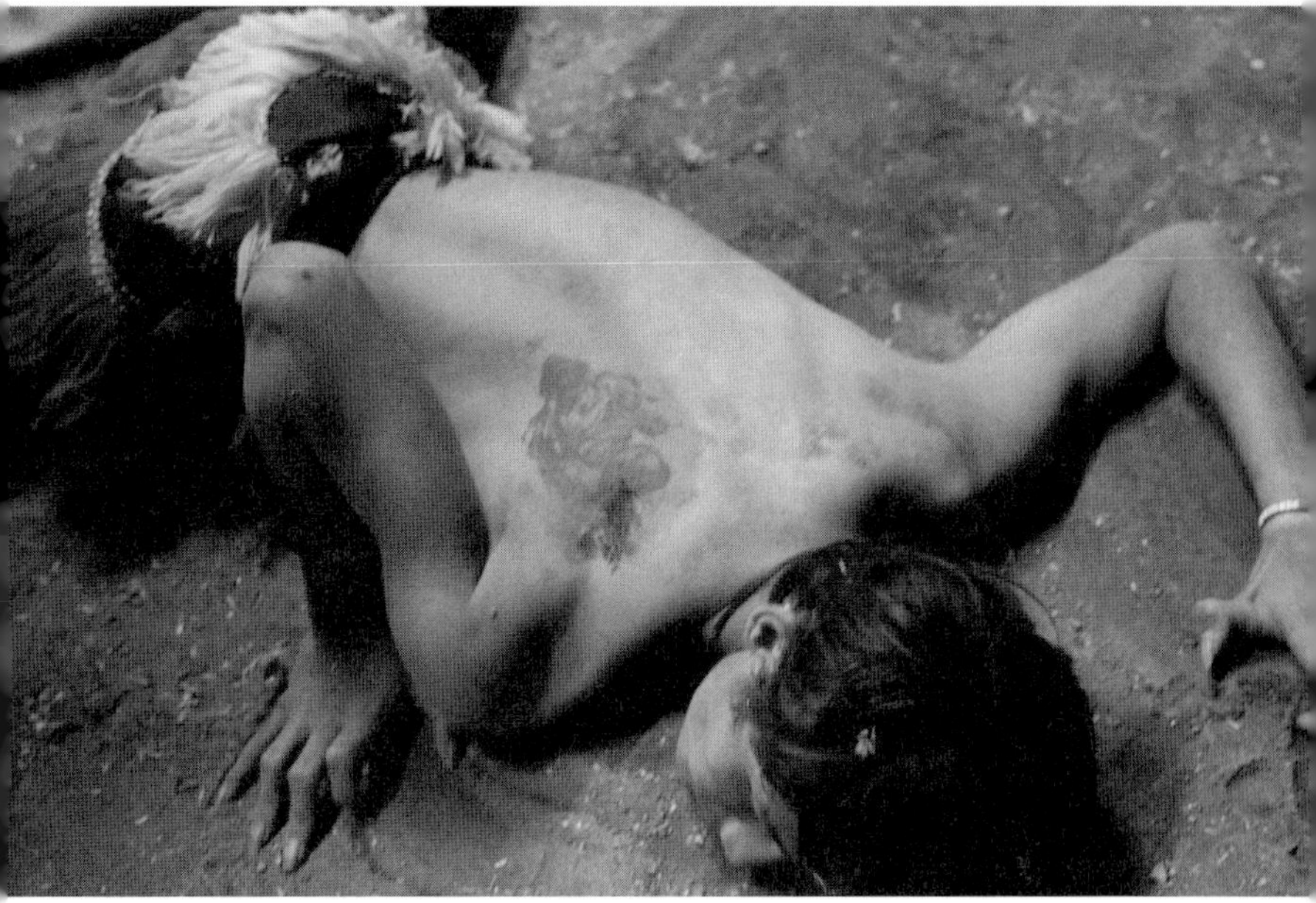

精霊が憑依して失神したジャティル

果があるからだ。ジャティランのグループには特別な行事のときに雇われ、賃金をもらうという経済的な動機がある。若いジャティルにとっては人前で踊ることの喜びと、トランスによる解放感がある。踊りやトランスが興奮をともない、観衆の信仰心を高めることになれば、村人からト占や呪術の依頼がパワンたちに舞いこむ。それゆえ、芸能を披露するだけのグループよりも、憑依をともなうグループのほうが収入が高いとされる。[*5]

＊1　Eva Rapoport, "Jathilan Horse Dance: Spirit Possession Beliefs and Practices in The Present-Day Java", p.6, *IKAT: Indonesian Journal of Southeast Asian Studies* Vol.2, July 2018

＊2　Rapoport, "Jathilan Horse Dance", p.12

＊3　Rapoport, "Jathilan Horse Dance", p.2

＊4　Victoria M. Clara van Groenendael "*Jaranan: The Horse Dance and Trance in East Java*", Kitlv Press, 2008, p.8

＊5　Groenendael "*Jaranan*", p.22

第三章

アートと人類学／民俗学

幻覚の探求

I

ぼくがまだ二十代前半という年齢で、アメリカ北西部の都市に滞在していたとき、幻覚剤のセッションを経験したことがある。それは「リゼルグ酸ジエチルアミド」と呼ばれる化学合成された向精神物質であり、俗にLSDとかアシッドと呼ばれるものだった。同じリゼルグ酸の化合物は広く自然界に存在しており、古代のギリシャ、メキシコ、シベリアといった地域では、その化合物を含む麦やキノコやアサガオを宗教的儀式で使用したという。LSDは一九三〇年代のスイスにおいて初めて化学的に合成され、六〇年代に入ると、心理学者ティモシー・リアリーがハーバード大学で臨床実験をおこなったことが有名だ。その後、アメリカを中心にフラワームーブメント世代のヒッピーたちによって、禅や瞑想とともに意識を拡張する手段として認知されたが、ドラッグカルチャーが広がりをみせるなかで薬物の乱用という否定面をもたらした。

一九五三年にメスカリンの服用実験をして『知覚の扉』を書いたオルダス・ハクスリーの記述にしても、ティモシー・リアリーの自伝『フラッシュバックス』におけるハーバード大学での研究の様子を読んでも、そこには乱用や中毒におちいる者の特徴は見あたらない。その反対に、研究を前に進めるべく、客観的な姿勢を貫こうとする強い意志を見ることができる。同じように、ぼくも好奇心から被験者になったわけではなかった。自己の意識が変容するという経験を内側から冷静に観察するために、それなりの意図をもってセッションに参加したのである。

その日、数人の参加者たちとぼくは、友人ふたりが暮らしているアパートメントの一室にいた。そこに「ミッキーボンバー」と呼ばれるブランドのアシッドが持ちこまれた。小指の爪よりも小さい白い紙片に、腕の筋肉を誇示するミッキーマウスのイラストが刻印されていた。その紙に溶液が染みこませてあるのだ。それぞれの参加者が舌先にそれを置いて経口摂取したが、三十分ほどは何も起こらなかった。そのうちに空腹を訴える参加者がいて、地階にあるカフェテリアに移動することになった。

「一体ここは、どこだというのだ」

そのカフェテリアに入った瞬間、ぼくは知覚の変容を実感した。白い壁面と床が光り輝き、足もとのフロアはやわらかいクッションのようにふわふわしていた。とても歩きにくかった。長いテーブルに腰かけたが、意識の拡張状態に圧倒されて、購入したクロワッサンのサンドウィッチは食べられなかった。食欲は失せていた。そのパンが描くフォルムに惹きつけられ、複雑でいながら均整のとれた形態にいたるまでに人類が重ねた試行錯誤を思うと、感動で胸がいっぱいになった。視覚がひときわ鋭くなっている代わりに、論理的な思考が衰退して、うまく英語が話せなくなっていた。

「外にある森へいってみないか」

「それは、とてもいいアイデアだね」

だれがだれを誘うというのでもなく、セッションの参加者たちは建物の裏にある針葉樹の森にでていった。森の小径を歩いていると、得もいわれぬ恍惚感で満たされた。自意識は縮減して、心のなかの声は沈黙している。外界の自然とぼくとの相克はきれいに消失し、なめらかにつながっているという一体感が増してきた。瞑想する行者のように静かな心持ちで、地面の感触を確かめながら一歩一歩丁寧に進んでいく。色鮮やかな緑色をしたシダ植物が密生する場所を通りかかったとき、ジュラ紀のジャングルに迷いこんだ探検家のひとりになったような錯覚をおぼえた。木漏れ日が顔にかかってまぶしかったので、立ち止まって空を見上げた。

「ああ、いつでも太陽はぼくたちを平等に見守っている！」

枝葉のあいだから差しこむ陽光の美しさに陶酔し、そのようにつぶやいた。地面にひざまずき、喜びのあまり静かに泣いているぼくを、セッション参加者のひとりが起こしてくれた。そして彼は「自分もまったく同じ気持ちで、この森の美しさに感動しているよ」とでもいうかのように、口もとにやさしい微笑みを浮かべた。まわりの世界は動かしがたい物理的な現実であることをやめて、ぼくの知覚や感情が能動的に働きかければ、それに応えて柔軟に姿を変えるものになっていた。

友人の兄が暮らす一軒家にたどり着いた。そこでは、インドの楽器であるシタールとタブラの演奏を組み入れたアンビエント音楽の試聴会が開かれた。参加者はソファや床など思い思いの場所に横たわり、目をつぶってその音楽に身をひたした。普段よりも聴覚が拡張されて、ひとつひとつの音がつぶ立って迫ってくる。あるとき、目を閉じているまぶたの裏に、チベット密教の曼荼羅図のようなカラフルな模様があらわれた。それが遠い暗闇のむこうから近づいてきて、3Dのコンピュータ・グラフィックスのように宇宙空間のなかでクルクルと回転をはじめた。「これが多くの人びとが報告している幻覚というものだな」とぼくは静かにそれを観察した。

以上が、ぼくがセッションに参加したときの概要である。

二〇〇九年に大学の研究室を訪れて、初めて松本俊夫にロング・インタビューをしたとき、彼もまた幻覚やエクスタシーの経験を観察するためにアメリカでLSDを摂取した経験を語ってくれた。一九六〇年代から七〇年代に、詩や音楽やアートに関わっていた人にはそうした経験を持つ人が多い。やはり「好奇心を満たすためではなく、意識拡張を内側から観察するためだった」

と話していた。いうまでもなく、松本俊夫が映画作家や批評家として脂がのっていたその時代は、世界的に見れば、ビートニクの運動やヒッピー・ムーブメントからヴェトナム反戦運動へといたるカウンターカルチャーのなかで、文学、映画、音楽、美術などあらゆる芸術分野において幻覚やサイケデリックへの興味が高まった時期であった。とはいえ、時代の流行思潮に感化されたかどうかではなく、松本が創作や批評においてそれをどのように受け止めようとしたか、というところにぼくの関心はある。

その時代、日本のサブカルチャーでも、ドラッグによってもたらされる幻覚やサイケデリックへの関心は高く、それに対する文化的なアプローチは数多く存在した。フーテンやアングラ文化が華やかだった時代のことだ。松本俊夫はといえば、アメリカや海外のアヴァンギャルド映画の紹介者として健筆をふるいながら、みずから三台の映写機をつかったマルチ・プロジェクション作品の『つぶれかかった右眼のために』（一九六八年）や、反復的な構造によって観る者に擬似的な酩酊状態をもたらす『エクスタシス〈恍惚〉』（一九六九年）といった実験映画を発表していき、アンダーグラウンド文化のなかで幻覚やトランス状態を映像によって表現しようとしていた。

ちょうど同時期の一九六八年六月に松本俊夫が発表した「幻覚体験とその意味」という批評文がある。この文章のなかで松本は、ロジャー・コーマンが監督して、当時のドラッグカルチャーを題材にした映画『ザ・トリップ（邦題「白昼の幻想」）』（一九六七年）について論じている。離婚寸前のＣＭディレクターに扮したピーター・フォンダが、ある家のパーティに紛れこむ。友人からＬＳＤのカプセルを渡され、それを飲んで彼が目にするサイケデリックなヴィジョンを映像化しようとした野心作である。松本は、映像に表現されたその強迫観念的な幻覚世界を次のように言語化してみせる。

> 陽光がふりそそぐ生命感にあふれた海岸。妻のサリーがいる。ポールがサリーを抱こうとすると、妻は別の女に変わっている。まったく脈絡を無視して場面は変わり、ポールは馬に乗った二人の覆面の人間に追いかけまわされる。やがて古い館に逃げこむと、そこには自分の死体があり、異様な埋葬の儀式がくりひろげられてゆく。たとえばこんなぐあいに、一方では生や死、苦痛や恍惚などの深層心理的なモチーフが、シュールめいた具象的イメージとして表現される。／他方では、光や色彩、かたちの判然としないものの不思議なうごめき、ポップ的な画像、サイケデリックなパターンなどが、これでもかこれでもかと交錯してきて、幻覚体験特有の眩暈状態をつくりだすのである。[*1]

さすが多くのアヴァンギャルド映画や実験映像について書いてきた松本俊夫だけあって、説明しにくい幻覚的なヴィジョンを的確な言葉に置きかえている。松本が「シュー

映画『白昼の幻想』のポスター

ルめいた具象的イメージ」と書くのは、おそらくこの場面にルイス・ブニュエルの『アンダルシアの犬』（一九二八年）のようなシュルレアリスム映画との類似性を見ているからだろう。そのあとに、光や色彩などのパターンが交錯してきて「幻覚体験特有の眩暈状態をつくりだす」場面では、『ザ・トリップ』におけるサイケデリックなモンタージュの手法が「一瞬主観と客観の垣根を払拭して、いわばベルグソン的世界にこちらをひきずりこむだけの鮮烈さをもっていた」とその映像表現の独自性を評価している。[*2]

そうはいっても、松本俊夫は映画作品としての『ザ・トリップ』の出来には不満だったようだ。主人公のピーター・フォンダが単にトリップするところを見せるだけではなく、彼の現実生活での圧迫感や疲労感がそのヴィジョンにどのように影響し、トリップのなかで彼がどのように自己を再発見したのか、そのところの掘り下げが浅いと指摘する。ひとことでいえば、鮮烈な幻覚のイメージと作品の物語構造がうまく一体化していないというのだ。この作品を反面教師のように見ている視点は、その後の松本が発表していった幻覚的なイメージを志向する映像作品を考えるうえで興味ぶかい。それにしても、松本が「幻覚体験とその意味」のなかで、幻覚体験のことをさらりと「ベルグソン的世界」への移行だと書いているのは、どういうことを指すのか。

一九五三年五月にカリフォルニアの自宅で、サボテンから採取できる幻覚剤メスカリンの被験者になった作家のオルダス・ハクスリーは、著書『知覚の扉』のなかで詳しくその経験を考察している。この実験で特徴的なのは、ハクスリーのかたわらに実験の観察者が常にいたことと、彼らの会話の一部始終を録音機でおさめたうえで報告を書いている点である。あまり視覚的な人間ではなかったというハクスリーは、目をつぶってみても多少の光や形状が錯綜してあらわれるだけで、幻覚的なヴィジョンが眼前で展開されるところまではいかなかった。その代わり、朝には不調和だと感じていた家の花瓶の活け花が、「アダムが創造された日の朝彼が眼にしたもの――一刻一刻の、裸身の存在という奇蹟」のように感じられたと報告している。[*3] また見慣れた書斎の本棚に目をやったところ、それぞれの本がこれまでにない鮮烈な色彩を放ち、深い意味をもって輝きながら、いまにも棚を抜けだしてきそうであったという。

これらの経験をオルダス・ハクスリーは冷静沈着に考察する。そこには新奇な体験をした者によく見られるような興奮や自慢話めいた色はない。ハクスリーによれば、メスカリンやその他の幻覚剤によって化学的に脳内の糖分が不足すると、その人の自我は弱まって、行動をするために意味のあった空間や時間に対する関心を失ってしまう。その代わりに、個体差はあるが、視覚や聴覚などの知覚が強化されて、幼年時代におけるような知覚の清純さを取りもどすことになる。そして最終的には、イギリスの哲学者であるC・D・ブロードの見解に賛同することになるだろう、とハクスリーはいう。つまりベルグソンが示唆したように、人間の脳や神経系や感覚器官の諸機能は、生産作用にではなく、除去作用にこそあるという考え方である。

人間はその生のなかのあらゆる瞬間において、自分の身に起きたことを記憶し、宇宙で起きたことをすべて知覚することができる。脳や神経系は、これら巨大で無関係な知識に「わたし」という小さな存在が押しつぶされないように、減量バルブとしてわずかな量の、日常の生存に必要なものだけを選別して、自分の意識に届くようにしている。その減量された意識の内容にかたちを与えて表現するために、人間は言語や概念と呼ばれる表象体系でこの世界、この宇宙を分節化して理解してきた。しかし、夢の世界や宗教的な神秘体験、ドラッグによる幻覚体験や精神疾患、死の直前に走馬灯のように全人生のイメージを見るといった経験においては、減量バルブの機能が弱まって、いわゆるサイケデリックな体験やエクスタシー（恍惚、陶酔）が起きるのだ。

水も洩らさぬ堅固さではもはやなくなったバルブから〈遍在精神〉が染み出てくると、生物体として不益なあらゆる種類のことが起こりはじめる。超感覚的な知覚が生じる場合もある。視覚美の世界を発見する人もある。裸の実存在、つまり所与の、概念化していない事象の持つ無限の価値と意味性が、その栄光が、見えてくるということもある。没自我の究極段階では〈総体《すべて》〉が総体のものにある――〈総体〉が実際にすべての個々である――という「獏とした認識」が生まれる。私の判断では、これこそ有限な精神にとって「宇宙のすべてのところで生じることとすべてを知覚する」極限であると思う。[*4]

これが松本俊夫が「ベルグソン的世界」と呼んだものの内容だと考えていい。ブロードとハクスリーによる説明は、二十年以上前に、ぼくが参与観察したセッションの経験における実感とも合致する。要するに、まわりの世界が圧倒的な実在感をもって迫ってくる経験である。ところが、松本を含むこの時代の大いなる精神たちは、右のように意識変容や意識の拡張を理解して、言語で意味づけるだけでは満足しなかった。幻覚やエクスタシーによって得られる経験を、自己や社会を変革するための契機としてつかい、それをこれまでにない新しい思考を生みだして、創作や執筆にいかすために探求しようとしたのだ。その目的のためには、松本の場合、日本を含む東洋における宗教的な神秘体験と比較するという作業が必要とされた。

Ⅱ

一九六〇年代後半から七〇年代半ばの時期に、松本俊夫が手がけた実験映画やヴィデオアート作品のなかで、幻覚やエクスタシーに関連する作品にはどのようなものがあるのか。六〇年代の終わりに撮られた三面マルチスクリーンのエクスパンデッド・シネマ『つぶれかかった右眼のために』と、白黒映像の静止画像を再撮影することで、極端に速いズームをくり返す『エクスタシス〈恍惚〉』については前に触れた。

七〇年代に入ると、十六ミリフィルムのフォーマットで完成されてはいるが、当時の最新テクノロジーを使用したアート作品がつづく。『メタシタシス〈新陳代謝〉』(一九七一年)は医学用の装置をつかって、トイレの便器を撮った固定ショットを、変化するカラーバリエーションに映像化した作品である。『エクスパンジョン〈拡張〉』（一九七二年）では電子カラーライザーを使用し、『モナ・リザ』（一九七三年）ではスキャニメイトというコンピュータのアニメーション機能をつかって、いずれもサイケデリックな色彩と独特のイメージを生みだし、観る者を意識変容や恍惚状態にいざなう作品になっている。これら映像作家・松本俊夫の作品を、理論家・松本俊夫は次のように解析する。

一つは私の作品の多くが、単純なリズムによる同一イメージとそのヴァリエーションの、過度に執拗なリピート構造をもっているということであり、いま一つはそれじたいでは全く活力のない静止した対象に、独自な働きかけを加えることで、むしろ過激なまでの活力をのり移らせるに至っていることである。[*5]

つまり、本来であれば静止しているイメージを何らかの操作で動かしてみせることと、それを強迫観念的に反復することが特徴になっているというのだ。一九七五年につくられた二本の作品『色即是空』と『アートマン』では、まさに静止したイメージを反復するという構造によって、映像は極度の緊張感にまで達する。『色即是空』では、般若心経に書かれた二百六十六の漢字を写した画面に色彩をつけてモンタージュしながら、そのまにまに、ヒンドゥー教の神々や仏教の修行僧らを描いた図像をみじかい間隔で差しはさむ。現代的にいえばサブリミナル効果を想起させる映像手法が、背景に流れる一柳慧《いちやなぎとし》の電子音楽と相まって、発表当時は本当に観る者を擬似的なトリップ感覚に連れだす効果を持ちえたのかもしれない、と思わせる特異な作品だ。『色即是空』は鑑賞するための映画またはアート作品という領域から大胆に逸脱して、観る者の意識をダイレクトに揺さぶる効果を意図した光学的装置といった趣きをもっている。

「アートマン」とは、古代インドのウパニシャッドに書かれた個人の「我」をあらわす言葉である。映画『アートマン』は、写真アニメーションという技法でつくられている。松本俊夫は写真撮影のために赤外線フィルムをつかい、レンズの前にブルーやグリーンのフィルターをかざして、わざと赤外線の色調を消すという操作をおこなった。そして河原に座っている般若の人形を、約五百の異なる撮影地点から、露出を開いたり閉じたりしながら五つのパターンで撮影をしていった。つまり、二千五百枚の写真を撮り、それらを連続写真としてアニメートして、カメラがゆっくりと人形のまわりを回転するように見える映像をつくりだした。その時代の実写作品では不可能なスピード感と人工的なカメラワークを生みだして、観る者に撮影の構造を明らかにしつつ、明るくなったり暗くなったりさまざまに色調を変えながら、めまいを起こすようなサイケデリックな映像美をつくりだすことに成功している。

というように作品の紹介を書いてきたが、ぼくの関心は、松本俊夫の一九七〇年代前半の映像作品における幻覚性とエクスタシー性への傾倒にあるのではない。端的に作品のタイトルに示されているように、松本が「エクスタシス」や「エクスパンジョン」といった意識変容の領域から、どのようにして「色即是空」や「アートマン」のような東洋思想の世界へと関心を移していったのか。この時代の映像作品で一貫して探求している幻覚的な美学の背後に、どのような思考のプロセスがあったのか、そのあたりを突き詰めて考えてみたいのだ。本人にとっても、幻覚的な映像を志向する理由は必ずしも明確だったわけではないようだ。

私じしんが、いつも作品をつくりあげたあと、しばらくたつとなぜあんな気ちがいじみた世界に旅をしたのだろうと、まるで憑きものが落ちたように奇妙な感じがするからだ。(……)私は明らかにその気ちがいじみた旅をとおして、ほかには置きかえられない独自な精神的高揚を経験していることである。その絶頂では、私は、日常性の次元では決して現われることのない、圧倒的なヴォルテージで輝く未知の世界を垣間見るが、そのとき私は自分の全身をゾクゾクするような戦慄が走りぬけるのを実感しないわけにはゆかない。それはほとんど痙攣的とも言える一種のエクスタシーである。/「なぜ」そんな映画をつくるのかという質問に、自分でも本当に納得ゆく答えをするとすれば、それはこのエクスタシーを体験したいためだと言うべきだろう。[*6]

松本俊夫の場合、何か超越的なものに取り憑かれ、日常的な意識の状態をはなれて精神的な高揚を味わい、痙攣的なエクスタシーの絶頂をおぼえるのは、宗教的な体験やドラッグの体験を通じてではなかった。狂気に憑かれた人物のように映像作品をつくりあげ、みずからが創作した映像を眺めるときにこそ、体を震わせるような戦慄が走るのだ。それはドラッグによる快楽にふけり、幻覚体験を何度も味わいたいと依存する中毒者の態度からはかけはなれている。この時代、サイケデリック体験を得るためにドラッグを活用することよりも、薬物の力を借りることなく、瞑想やダンスや音楽、性愛や芸術作品などによって意識変容を得ようとする動きが広がりをみせていた。

松本俊夫がドラッグによる幻覚体験に意義を見いだすのは、ある一線を超えて「世界と自分の関係が知覚の側から大きく揺さぶられて、ふとその間の硬い壁がくずれてゆくのを感じないわけにはゆかない」からである。[*7] この意味においてのみ、メスカリンやＬＳＤなどの幻覚剤によってもたらされる意識変容は、単なる現実逃避の手段ではなく、自己発見や自己変革をするための契機になりうる。松本にとっては幻覚体験によって悟りや涅槃（ニルヴァーナ）という魂の解放を感得するだけでは不充分であり、新しい認識の方法を得たうえで、現実世界にもどってくることが重要なのだ。

このような考え方は、何も松本俊夫だけに特徴的なものではなく、この時代の思潮に沿ったものであった。単純化をおそれずにいえば、一九六〇年代にドラッグカルチャーやサイケデリック文化の背後で進行していた東洋思想や神秘主義、アニミスティックな呪術への興味が、七〇年代に差しかかる頃から前面にでてきて世界的なブームとなっていったのだ。学問的にいえば、フォークロア（民俗学）や文化人類学への関心の高まりである。それは、ぼくたちが日々経験しているこの意識状態だけがすべてではない、日常の次元を超える世界や宇宙があるということを半強制的に知らせてくれる、古代からつづく人類的な叡智へのアクセスを意味する。つまり文化人類学のブームが起きたといっても、現代人が突如として世界の辺境で暮らす人たちのように、神や精霊の存在をふたたび信じはじめたわけではなかった。むしろ無神論者として神や迷信を否定しながらも、近代社会のシステムがさまざまなかたちで行き詰まるなかで、いま一度、人間という存在を超えた共同的な聖性を見直すことを求めるようになったのだ。

それは、ぼくたちが経験している時間の感覚や意識の状態がひとつの共同性にすぎず、ひとたびそこをはなれれば、別の共同的な世界が存在するという考えをもっている。別の世界とは、精神分析的にいえば夢や狂気や幻覚などの意識変容の世界であろうし、民俗学的にいえば植物や動物や神々の世界であり、人間が亡くなったあとにいくとされる他界であろうし、文化人類学的にいえば、近代文明の外側にある文化的他者であるアジア、アラブ、アフリカ、ラテンアメリカ、オセアニアなどの異境であってもいい。ぼくたちが自明だと思いこんでいる共同性の境域の外に一歩踏みだすことで、そこには異なる時間のリズムや異なる認識の世界が待ち受けている。松本俊夫はといえば、特にインドのヨーガにおけるエクスタシーに惹かれていった。

そう言えば『ヨーガ・スートラ』によれば、ヨーガの最も基本的な定義は「意識のはたらきの抑制」である。そして意識のはたらきの抑制が、下意識の世界の扉を開くことになることは言うまでもない。ヨーガが到達するサマディ（三昧）の境地は、性愛や麻薬が到達する極点と同様、一種のエクスタシーである。そしてエクスタシーとは、語源的にも個の限界性を超えて、超越的なコスモスと一体化しようとする意識の超出体験を意味するものであり、その本質は抑圧された下意識の解放と、したがってまた時間の無化（永遠化）以外の何ものでもない。（……）

この現世的な時間からの離脱によって、ヨーガ行者が旅する「別の世界」は、歴史的時間とは垂直に交錯する宇宙的な「大いなる時間」であり、その行先は究極的な救済としてのニルヴァーナ（涅槃）である。[*8]

ここで松本俊夫は「意識」と「下意識」という分節によって、性愛や麻薬やヨーガの境地によってもたらされる恍惚状態を説明しようとしている。ヨーガによる「意識のはたらきの抑制」は、前述の「ベルグソン的世界」の文脈でいえば、何らかの手段によって脳や神経系の働きが弱められて、意識が変容することで、巨大な宇宙の知覚や記憶としての下意識のコスモスが開くことを意味するのだろう。ぼくが注目したいのは、松本が、映画や映像という時間をつかうアートの作家にふさわしく、エクスタシーというものを「現世的な時間」や「歴史的時間」からの離脱と見なし、「大いなる時間」や「時間の無化」との関係で考えているところである。なぜなら、時間芸術である映画にとって本質的であるのは、幻覚を見ることや恍惚状態に入ることの経験自体ではなく、その彼方に広がるコスミックな時間のほうであるからだ。

宗教学者のミルチャ・エリアーデは、「時間と永遠性のインド的シンボリズム」という文章のなかで、古代インドにおけるインドラの神話を紹介している。軍神であったインドラは、ヒンドゥーの神々のために宮殿を建てようと決意するが、完成して建物を見ても、もっと立派にしたいと考えるばかりで満足しない。知識と宇宙の創造神であるブラフマーは最高神ヴィシュヌに相談し、ヴィシュヌはみすぼらしい格好の少年の姿をとってインドラのもとを訪れ、語りはじめる。インドラの命は太陽暦では四百三十二万年つづく。だが、ブラフマーにとっての一昼夜は、二十八人のインドラの寿命に相当する。しかし、ブラフマーにとっての百年は、ヴィシュヌにとっての一昼夜にすぎない、というのだ。

ところでいったい誰が、そのひとつひとつにブラフマーとインドラがいる諸〈宇宙〉の数を数えることができるのだろう。目に映る姿の遥か彼方に、想像しうる空間の遥か彼方に、諸々の〈宇宙〉は無限に生成しては消滅する。これら諸々の〈宇宙〉は軽やかな舟のごとくに、ヴィシュヌの体をなしている清らかで底なしの水のうえに漂っている。その体のひとつひとつの毛孔すべてから、ひとつの〈宇宙〉が泡立っては破裂する。あなたは、これら〈宇宙〉すべて——現在の〈宇宙〉も過去の〈宇宙〉も——にいる神々を数え上げることができると思うか？[*9]

みすぼらしい少年はインドラにそういい、足もとを歩く蟻の隊列を示して、これは輪廻の末に蟻になった昔のインドラの姿であり、その隊列はインドラの軍隊だと教える。この啓示によって、インドラが自分の傲慢や欲望のはかなさを悟るという神話である。インドラは「歴史的時間」のなかで軍神として、それなりに英雄的な冒険を重ねてきた。ところが、ヴィシュヌによって教示される、宇宙が永遠に生成と破壊をくり返す「大いなる時間」を前にしては、その広大さにめまいを覚え、みずからの属する世俗的な時間の小ささを実感するしかない。

このインドラの神話はヒンドゥー教の教義のなかで、人びとに宇宙的な時間を悟らせる役目を果たすのだが、松本俊夫はここから別の観点を導きだしている。「私が驚くのは、この宇宙幻想が、現代の科学が説く宇宙の真理に酷似していることである。（……）私たちがどうしようもなく悲劇的なのは、私たちの生の時間がごく短かく有限であることじたいにあるのではなく、私たちが私たちの生誕についてはそのあとでしか自覚しないのに、死についてはあらかじめ自覚していることだ」と。[*10]たしかに現代の科学が説く、何億光年という単位で宇宙が生成したり消滅したりをくり返すありさまと、ヒンドゥー教の宇宙的な時間には似ているところがある。だが、松本はもっと実存的なレベルでの生死の問題に引きつけている。すなわち、ひとりの人間が時間を生きることはその死にむかって歩くことであり、その死を意識することで、生きているあいだの時間がより生彩を放つと考えるのだ。これは一見、当然すぎる考えのようだが、松本が幻覚やエクスタシーの問題に「死後の世界」との通路という視点を加えるためには、通らなくてはならない思考のプロセスであった。

III

松本俊夫が書いたもっとも民俗学的な文章のひとつに、一九七三年に発表した「死をめぐる呪術」がある。これは「特異な」と形容していいほど不可思議な論考である。源信が集めた『往生要集』という仏教書、鈴木牧之の民話集『北越雪譜』、三角寛の『サンカの社会』といった民俗学の本、フランソワ・グレゴワールの『死後の世界』のような哲学書まで古今東西の文献を読みあさりながら、個人が抱く他界観や霊的存在に対する幻想がいかに共同体的な無意識に影響されているのかを掘り下げている。これを書いた当時、松本は四十一歳か四十二歳であったが、自身の肉体的な死と芸術の創作について理論的に考え抜いてみようとした時期ではなかったか、とぼくは想像する。

人間が死を意識するのは、他人の死や死体によってである。松本俊夫は『仮名草子』や『往生要集』を引用しながら、白骨化した死体や美女の腐乱死体によって、人びとは現世の不浄に戦慄してきたという。人が他人の死を見たときに抱く恐怖は直接的であるが、ひとたびそれを葬送して亡くなった人の霊魂が死体をはなれて他界におもむく段階になると、あるいは、現世への未練を残した霊魂が生者の身辺をさまようと想像するときになると、それは一定程度、共同的な観念に影響されることになる。日本列島でも見られるのは、幽霊や亡霊が災厄をもたらさないように祈禱する鎮魂の儀式である。全国の漁村には水死体を供養して祀ると、守護神になってくれて豊漁をもたらすという民間信仰が残っている。死者の霊魂がおそれの対象であると同時に愛着の対象でもあることは、無病息災を祖先の霊に祈願する祖霊崇拝に見ることができよう。

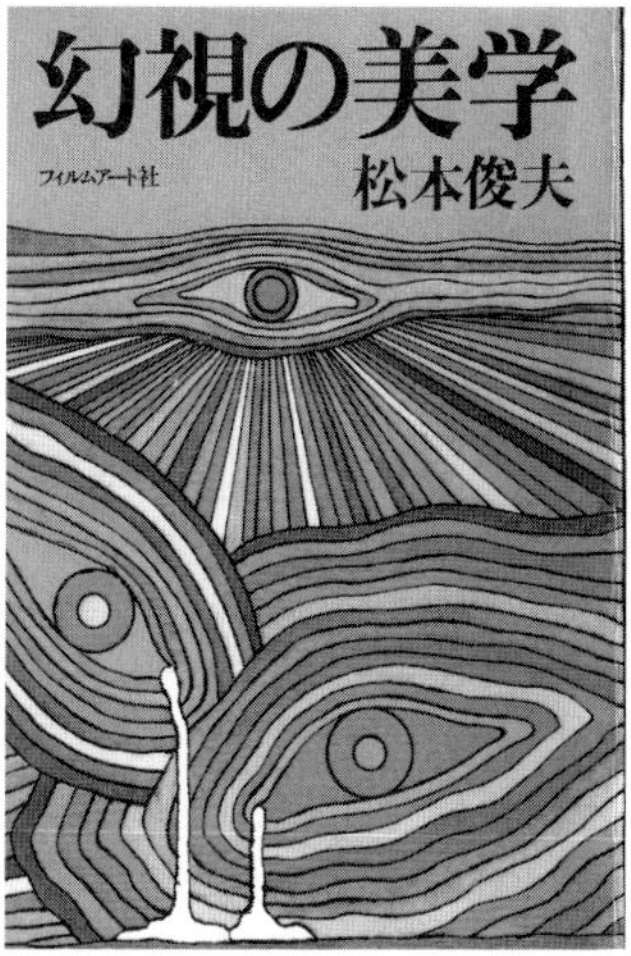

「死をめぐる呪術」を収録した書籍『幻視の美学』。ブックデザインは粟津潔

松本俊夫は「この恐怖幻想と願望幻想は、自分もいつかは必ず死ぬという事実を否定できないかぎり、多かれ少なかれ他界幻想を生まないわけにはゆかない」と結論づける。[*11]しかし、そのように「死」を受動的に享受するだけではなく、みずからの意志をもって死にむかっていき、自分のなかで死の影を増大させていくケースもある。松本にいわせれば、それは即身成仏になることを求める行者の荒

行であり、シャーマンたちによるイニシエーション（入信儀礼）がそれにあたる。フランスの社会学者であるロジェ・カイヨワは後者について次のように書いている。

地域的差異こそあれ、激しい発作、一時的な悶絶がシャーマニズムの成立条件であることに変わりはなく、シャーマンは発作や悶絶を通じて一つまたはいくつかの精霊の拠《よ》りしろとなるのである。シャーマンは、こうして死者の世界での不可思議な旅を終え、その旅の話を物語り、身振りで演ずる。場合によっては、麻酔剤、幻覚を起こさせる茸（はらたけ）、歌と痙攣的動作、太鼓、蒸し風呂、香料や大麻のけむりの助けを借り、あるいは昏睡状態になるまで火床の炎を凝視する自己催眠によって、恍惚状態を獲得することがある。[*12]

よく知られるように、「シャーマン」はシベリアのツングース語族系の先住民族の言葉「サマ」「シャマ」「シャマン」に由来する。シベリアの北方諸民族やサハリン島のウィルタやニヴフといった少数民族のシャーマンは、太鼓を激しく叩き、腰につけた金属の楽器を鳴らしながら、トランス（恍惚、脱魂）状態に入る。彼は空高く飛翔して、死者の世界や精霊の世界を旅してくると信じられていた。南アメリカなどの地域では、エクスタシー（忘我）の状態にまで高めるための一助として、麻酔効果や幻覚性のある物質を含む植物やキノコを摂取することもあった。シャーマンは人間の世界から死者の世界への境を超えるために、エクスタシーをともなう仮死状態を通過する必要があった。いわば象徴的に「死」を経験していたのだ。

おもしろいことに、ロジェ・カイヨワは著書『遊びと人間』の「模擬と眩暈」という文章のなかで、シャーマンの聖なる発作のほかに、世界中のさまざまな伝承社会において仮面をつけることがトランス状態をもたらしてきたことを指摘する。自分でつくった神や精霊の仮面をかぶり、畏怖する存在の衣装をまとって、歌や音楽の力を借りることでそれは起きる。おそろしい神を演じる演技者にすぎない者が、一時的にその力の化身となり、神を模倣する行為によって霊的な存在が憑依する。忘我状態における狂騒が終息し、力つきた演技者が仮面を外す頃には、トランスしていたときに何が起きたのか、記憶はぼんやりとしか残っていない。幻覚をともなうエクスタシーを通じて人はトランス状態になり、他者や霊によって乗り移られることが可能だったのだ。

ロジェ・カイヨワは前述の書において、生物のなかに宿る擬態《ミミクリー》の本能を明らかにした。それを受けて『仮面の民俗学』を書いたジャン゠ルイ・ベドゥアンは、スフィンクス科の蛾が危険に遭遇すると、翅《はね》のうえに描かれている眼状の模様をきわ立たせるように変形し、猛禽類のおそろしい顔のように自分を見せかける例をあげる。変形をするときにこの蛾の全身は打ち震えて、何かが乗り移るような一種のトランス状態になる。ベドゥアンは、これが人間にとっての仮面の儀式に相当すると考える。たとえば、北米のクワキウトル・インディアンがポトラッチに使用する「早変わりの仮面」は、折りたたみ式で、閉じているときには一匹のサケの姿をかたどる。しかし仮面が左右に開くと、なかから人間の顔があらわれる仕掛けになっている。「この脱魂《のりうつり》の状態こそ、実際のところ、仮面の儀式とは切り離せない関係にある」とベドゥアンはいう。[*13] 松本俊夫は「仮面考」という文章において、ベドゥアンの議論を次のようにまとめて仮面が持つ霊性について考察している。

仮面は本来、霊界（という観念）との関係で意味を持つものだったという事実である。むろん彼等にとっての霊は、動物、神、祖霊、怨霊など、人間の力を超えた超自然的想像物の全般にわたっているが、それらがすべて仮面に擬人化されてきたのは、人が霊をあたかも実在するもののように感じる形式として、やはり顔以上のものはなかったということを意味している。ともあれ人はその霊の祟りから逃れようとして、あるいは逆に霊に守護されることを念じて、そもそもどこともしれず彷徨する不可視の霊を、可視の形相に収める媒体として仮面を用いてきた。[*14]

つまり、仮面は人間の世界と精霊の世界を結ぶメディウムとしての役割をもち、仮面それ自体が聖なるもの（超越的な存在）が宿る容器であると同時に、その聖なる力を実行する代理人であるというのだ。仮面は、本来は目で見ることのできない世界へと橋渡しをする機能をもち、人は仮面をかぶることで霊力に満ちた世界とコミュニケーションがとれると信じてきた。そのように考察したあとで、松本俊夫は自身の『石の詩《うた》』（一九六三年）という短篇映画のことを思いだす。

松本がこの作品をつくったとき、石像を彫る「四国庵治村の石工たちが、石を刻みながら『出来てきた』とは言わず、『生きてきた』と表現することに強い印象を受けた」ことがあったからだ。[*15] 目には見えない存在が、特定の顔というフォルムに取り憑き、物質のなかに姿をあらわす。そして、そのフォルムが仮面を所持する者以上の生命力を発揮するのだ。

松本俊夫がこの「仮面考」という文章を発表した一九七三年七月という日付が、彼が般若の仮面をかぶった人形をつかって撮った『アートマン』の完成以前であることは、ぼくの興味を引く。なぜなら、松本は後年の「エクスタシーと共同体」（一九七五年十一月発表）という文章のなかで、自作とロジェ・カイヨワの『遊びと人間』の記述を比較しながら、『アートマン』における回転しながらエネルギーを高めていく眩暈的な視聴覚体験を、イスラム神秘主義者たちの旋回する舞踊との類似性において考えているからだ。[*16] たとえば、メヴレヴィー教団の「セマー」と呼ばれる舞踏では人が文字通り回転しながら踊り、スーフィーの「ズィクル」と呼ばれる修行では、徐々に速まっていく太鼓の音や朗唱にあわせて群衆が旋回運動をつづけて、催眠状態やトランス状態へと入っていき、神との合一や一体化をダイレクトに感覚する。

そうはいっても、松本俊夫における幻覚やエクスタシーに対する関心は、宗教学や文化人類学における議論を深化させるためのものではなかった。ましてや、当時の流行的な文化であったドラッグ文化やサイケデリック文化を、自己の思想へと昇華しようとしたわけでもない。松本は「古代ギリシャ語でエクスタシーとは、魂や意識が、個我を越えて超越的存在と合体する状態を意味していた」と書く。[*17]

ある一定の時間内において知覚の安定を突き崩し、明晰な意識に心地よいパニックを引き起こして、現実を一挙に無化することのできる麻痺、痙攣、恍惚の状態。人がどうしようもなくエクスタシーを求める欲動は、ドラッグにも性行為にも、音楽にもダンスにも、宗教にも芸術にも共通して見られるものであり、それらの「終局の境地こそエクスタシーにほかならない」といい切る。[*18]

機械のように精確な分析能力と処理能力を持ちあわせ、どのような課題を前にしても明晰に論じることができた理論家・松本俊夫の頭脳であればこそ、ジキル博士とハイド氏のように表裏一体の存在である映像作家・松本俊夫は、おのれの高度な知能が一瞬にして無化されるようなエクスタシーを理由もなく渇望したのである。驚くほど巨大な知性による言語の自己生成の運動と、それを一瞬にして自己消滅させようとくわだてるイメージの運動が、微妙な均衡を保ちながら同居していたのが、松本俊夫という精神における全人性であったのだ。

そういえば私たちは、すぐれた芸術家が自己の創作体験を語るなかで、よく突然の啓示が訪れ、何ものかに憑かれたようにして書きあげたとか、何ものかが自分を通してあらわれるように思えたなどと、一見神がかったことを言うのに出会うことがある。それはほとんど宗教家が神の啓示を受けたときの神秘体験に近い。タントラに見る性的体験やＬＳＤの酩酊体験も含めて、私たちがそれらに見る共通点は、しばしば幻覚、幻想、夢などをともないながら、個体がエクスタシーを通して自我を無化することと、その無我の境地で向うからやってくる宇宙的実存と一体化する構造である。[*19]

ひとりの個人が芸術などの創造的な行為をおこなうなかで、言葉では説明できない状態、我を忘れて無心に何かに打ちこむ状態に入ることがよくある。それは宗教的な神秘体験のように、集団や共同体を巻きこむかたちでは起こらない。彼（または彼女）は共同性から遠くはなれて、創造行為のなかで個を掘り下げる作業のなかで、そのような境地に達することだろう。ところが、彼が自己を超出するような強度でそれをおこなうとき、その作品は鏡のように共同体における集合的な無意識を映しだす。そのように共同体における欲望や不安といったものを深層レベルにおいて敏感に察知するのが、実は芸術家や創作者の力なのではないか。彼のエクスタシーをともなう創造行為は、予知や予言といったかたちで再び共同体のほうにもどってきて突き刺さるのだ。

そのような意味では、芸術家もまたひとりのシャーマンである。彼は自分の知覚に反映する幻覚をにらみながら、創造行為におけるエクスタシー体験をとおして、たったひとり孤独な状態で精霊の世界や死後の世界へとわけ入っていく。そして、彼がその幻視をとおして見たものを、人びとのために作品というかたちで報告する。これこそが松本俊夫が信じようとした芸術家の姿であり、映像作家である自己と理論家である自己が交錯する地点で見ていた自画像であったのではないか。

＊1　松本俊夫著「幻覚体験とその意味」『映画の変革』三一書房、一九七二年、一一二頁

＊2　同前、一一三頁

＊3　オルダス・ハクスリー著『知覚の扉』河村錠一郎訳、平凡社ライブラリー、一九九五年、一八頁

＊4　同前、三〇頁

＊5　松本俊夫著「エクスタシーと共同体」『幻視の美学』フィルムアート社、一九七六年、二三二―二三三頁

＊6　同前、二三〇―二三一頁

＊7　松本「幻覚体験とその意味」前掲書、一一三頁

＊8　松本「もう一つの時間」前掲『幻視の美学』二四八―二四九頁

＊9　「時間と永遠性のインド的シンボリズム」ミルチャ・エリアーデ著『エリアーデ著作集　第四巻　イメージとシンボル』前田耕作訳、せりか書房、一九七四年、八四―八五頁

＊10　松本「もう一つの時間」『幻視の美学』二四四―二四六頁

＊11　松本「死をめぐる呪術」『幻視の美学』二七四頁

＊12　ロジェ・カイヨワ「模擬と眩暈」『遊びと人間』多田道太郎・塚崎幹夫訳、講談社学術文庫、一九九〇

年、一五一頁
＊13　ジャン＝ルイ・ベドゥアン著『仮面の民俗学』斉藤正二訳、白水社文庫クセジュ、一九六三年、一六頁
＊14　松本「仮面考」『幻視の美学』二五五—二五六頁
＊15　同前、二五九頁
＊16　松本「エクスタシーと共同体」『幻視の美学』二三三頁
＊17　松本「個と共同体と宇宙」『幻視の美学』二八〇頁
＊18　同前
＊19　同前

複合する草荘神――アカマタクロマタ考

宮良のアカマタクロマタ

民俗学者の谷川健一は、一九八九年に発表した「草荘神の古型」という小文のなかで次のように書いている。「八重山諸島では西表島の古見《こみ》、新城《あらぐすく》島、小浜島、石垣島の宮良《みやら》にアカマタ・クロマタの神が出現する。それらはいずれも、『猛貌之御神身に草木の葉をまとひ頭に稲穂を頂く』姿である。[『八重山島諸記帳』] 私は今年の夏、古見と小浜島のアカマタ・クロマタの祭を見たが、噂にたがわず、全身木の葉や蔓草で蔽われた異貌の神であった。そのかたちからして明らかに外来神であり、折口信夫のいうマレビトにふさわしい」[*1]。谷川が西表島の古見と小浜島でアカ

マタクロマタの行事を見たのは、一九八九年の夏のことだと推測できる。古見はこの神事の発祥の地とされ、それが小浜島を経由し、石垣島の宮良に伝わったという。ぼくがその宮良集落でアカマタクロマタの行事を見たのは、谷川が見た年からちょうど三十年後の二〇一九年七月のことだった。

二年前のできごとだが、世界的なパンデミックがあったせいか、アカマタ（男神）とクロマタ（女神）の行事を見た経験も、八重山へ飛んだ道行きさえもが、どこか遠い夢のように感じられる。石垣空港から車を借りて、一路市街地へむかった。真夏の酷暑であったが、公設市場の近くにある「カフカ」という喫茶店に入るとすずしかった。白髪の紳士である石垣博孝さんと待ちあわせた。ある民俗学者から、武蔵野美術大学を卒業した地元の画家で、八重山博物館の学芸員や市民館館長などを歴任してきた島の文化人である石垣さんを紹介してもらったのだ。世間話をしてから、たがいにこれまでの仕事や研究領域について紹介しあい、「それでは明後日、宮良の豊年祭へ一緒にいきましょう」といわれ、念願であったアカマタクロマタ神事の見学があっさりと決まった。

その夕は大浜の豊年祭へいってミルク神を見たり、男たちの激しい棒かつぎを見物したり、八重山の暑い夏をエンジョイした。翌日、宮良の豊年祭の一日目におこなわれるオンプーリィの神事を見学させてもらおうとしたが「関係者だけでおこなうもので、他人に見せるものではないから見学できない」と素気なくされた。それから石垣港へいき、新城島で豊年祭をするために帰郷する人たちの特別船にまぎれこもうとしたが、体よく断られた。東京の広告会社で働く知人のＨの携帯に電話をかけた。Ｈの家系は小浜島にルーツを持ち、島のアカマタクロマタをとりおこなう秘密結社に属する男だが、まさに神事の準備に入っている様子で落ち着いて話せる状況になかった。それで、アカマタクロマタの行事がいまだに部外者を寄せつけていないことを再確認し、宮良でおこなわれる神事を見学できることが、どれだけ特別な機会であるかを思い知った。

夕暮れどきに石垣博孝さんと宮良集落に着き、小学校近くにある空き地の駐車場に車を停めた。まだ昼間の熱気があたりに残っており、少し歩くだけで首すじやわきの下が汗ばんでくる。宮良公民館の前をとおって村外れへとむかう。途中に立て看板が数多くでていて、「ビデオ、写真、スマートホン、携帯電話　撮影録音禁止　宮良公民館」とある。歩いていくと集落の外れに東原《あらばら》と呼ばれる野原があり、なかに入れないようにロープが張られていたが、その前にはすでに人だ

石垣島大浜のミルク神（筆者撮影）

アカマタクロマタのときに出る看板（筆者撮影）

かりができていた。石垣さんが村の若い衆にぼくを紹介をすると、携帯電話やカメラを茶封筒のなかに入れるように指示された。そして水とスナックを受けとって、野原のはしに設《しつら》えられたテーブルとパイプ椅子から成る来賓席に案内された。すぐ近くに石垣市の市長も座っていたので、桟敷の特等席なのだとわかった。

一九一〇年代から二〇年代にかけてアカマタクロマタの観察をつづけた喜舎場《きしゃば》永珣《えいじゅん》が「赤マター神事に関する覚書」という文章に書いた、宮良村のアカマター神祭の部分を参照してみよう。「二日目の村プールの当日は、夕闇せまる少し前頃になると、生粋の部落民のうち徳望家の老男女、品行方正にして農事に熱心なる夫婦、素行善良なる青年男女等は、ナビン洞から出てくるこの両神を拝むべく、部落の東方の野原へ行く。ことに老齢の男女は赤・青の鉢巻に杖をついて行くが、青壮年の者共は赤・青の鉢巻のみで行く」とある。[*2]喜舎場は一九一五年からの十三年間、地元の小学校教員をしていたため、毎年この来賓席に招かれていた。ひそかにアカマタクロマタ神事やその神謡についてのメモをとり、資料ノートをつくった。喜舎場が書いた記述と、ぼくが見た「東原の儀式」のアカマタクロマタを比べても、この神事が百年前とほとんど変わらない場所で、ほぼ変わらない形式で現在もおこなわれていることに大変驚く。

長いあいだ秘密のベールに包まれていたこの神事も、研究者たちの積み重ねによって次第に詳細が明らかになっている。本田安次によれば、アカマタクロマタの仮面には琉球浜桐の木をつかい、その木材を切ってくる人、それを彫刻する人は決まっている。仮面は四年ごとにつくりかえ、古くなった仮面は焼かれるという。[*3] 祭りの前夜、大切に保管されていた仮面は、東原の奥にあるナビンドウと呼ばれる鍾乳洞へ運ばれる。その姿を見てはいけないため、村人は家からでない。喜舎場永珣によれば「この宮良部落の赤マターは直径一尺五寸程度の木の面を用い、平常は前盛家に秘蔵していた。歯と眼球は貝細工で、耳には香を焚く装置がしてあった」と報告している。[*4]だが、ぼくが見た位置からでは眼球と耳までは確かめられなかった。祝詞《のりと》をあげてから、村の男性たちの秘密結社によって、ナビンドウのなかで儀礼がおこなわれる。鍾乳洞の前で「新入り《アライ》」と呼ばれる通過儀礼もおこなわれる。新入りの若者をアカマタクロマタの秘密結社に入れるかどうか、古老たちが審査するのだ。集落によって条件は異なるようだが、共通するのは集落出身の男性にしか資格がなく、しかも品行方正で働き者である必要があり、神事の秘密を守れる人間かどうかが問われるところだ。この習わしによって、長年にわたり秘密が保持されてきたのだが、新城島の事例を研究した宮良賢貞は次のような見立てが現実に近いとする。

学界では、これを青年戒とか秘密結社とよんでいるが、その内容からみて、百姓の成人式とよぶことはできよう。旧王府時代には、士分は十五歳に達すると、烏帽子親《ユブシイウヤ》の介添によって元服式があった。新城島その他の百姓は十五歳に達すると親《ウヤ》（紹介者）の推薦で赤マタの氏子になる新入《アライ》りの入団式が行われたのである。これが青年になったしるしであり、これによって村からもはじめて一人前としての資格が与えられたので、一般的にみて、これは、成人式とみてよいであろう。[*5]

アカマタクロマタの神事が、最初から秘密結社性を帯びていたと断言できる材料は少ない。一方で神事があり、他方に元服式があり、何らかのきっかけがあって、あるいは共同体内での必要があって、それらが一緒になって段々と入団式になっていったと考えるほうが自然ではないか。人はひとつの古い祭祀や慣習が何百年も前からかたちを変えずに残っていると思いこみたがるが、それが時代を経るにつれて質的に変化していくという時間的な重層性をあまり考えようとしない。特にアカマタクロマタのような祭祀には、水平的にも異なる要素が入りこんで複合化した痕跡が見られるので、複雑に混淆しながら変化していった祭祀を読みほどいていく作業は簡単なものではない。

夕暮れも深まり、あたりが薄暗くなってきた。宮良集落の東原にある桟敷席も、スーツ姿や正装をした人たちで埋まっていく。野原の側面にある集落の細い道には、来賓席に入れない人たちや子どもたちが集まっている。見物衆は二百人くらいいたか。主催側は、あたりが暗くなる頃合いを見計らっていたようだ。ふと気がつくと、赤いハチマキを前に結んだ若者たちと、白いハチマキをした若者たちが東原の中央へむかった。野原の反対側にある砂糖きび畑の狭間から、旗持や警護団《ナビンドウサジ》の若い衆たちとともに、それは突然ヌッと出現した。こんなに背が高いのかという驚きが最初の印象だった。二メートル五十センチはありそうで、ふたりの若者がなかで肩車をしているのかと訝ったが、身軽な動きからはそうとも思えない。アカマタとクロマタの二体の神が、ゆっくりと原っぱの真んなかへむかって移動してきた。

近くに寄ってきたので、注意ぶかく観察した。全身をカニグサ科のつる草でつくった蓑でおおわれ、丸々と太った球体に近いような体型。足は見えず、手も蓑に包まれているが、両手にカタナと呼ばれる樫の木でつくった棒をにぎっている。肝心の仮面であるが、以前に写真で見た古見のアカマタクロマタの人間くさい表情とはちがい、縦に七十センチはあると思われる細面で、両目も切れ長のキツネ目だった。あたりが暗くて最初はどちらの顔が赤で、どちらが黒なのか判別がつかなかった。アカマタとクロマタの神を真んなかにして、二、三十名はいる袖なしの着物をきた若者たちが両側にならぶ。そして、赤いハチマキの列と白いハチマキの列でのぼりを立てて歌のかけあいがはじまった。合唱によるなつかしいような旋律が、湿気の多い南島の宵闇にただよう情景は、何百年も前からこの場所でくり返されてきたものだと感じた。これが豊年のおとずれを讃える祝歌「かじゃでぃ風節」なのか。つづいてうたわれたのは、おそらく神歌とされる

「ザビラキの歌」だった。

今日《キユヌ》のほこらしやや
なほにぎやなたてる
蕾《チブ》て居《ウ》る花の《ヌ》
露《チ》きや《チヤ》たごと
赤《アカ》また《ムタ》の《ヌ》色《イル》や
色貴《イルダカ》さもので
黄金《クガニ》色やりば
さてみごと
恋《ウム》い黒《フル》また《ムタ》や
またんおしかけて《ウシカキテ》
ま頚《クビ》抱《ダ》かな

赤またの衣装は
色が気高く
黄金色で美しい
さて見事な衣装よ
思いの女神、黒または
追いかけて来て
私（赤また）の頸を抱こうとする

音声を録音することは禁じられ、神歌の内容をだれに訊いても秘密だといわれ、宮良集落の人たちのあいだでさえ口述伝承されているので確かめようもないが、さまざまな資料を調べたところ、この神歌だったのだと思う。両側から大勢の若い衆が神歌をうたい、太鼓をたたき、ときに大きくステップを踏んで躍りあがる。そこには神々の来訪を歓迎する心根が見てとれた。それに呼応するようにして、アカマタとクロマタも両手に持つカタナを振って体をゆらす。目の前で起きているふしぎな光景をどうとらえてよいのか、わからなかった。大昔から綿々とつづいてきた来訪神の祭りが現代によみがえったようで、あるいは、遠い南方の島からきた精霊を讃える原始的な儀礼のようにも見えた。

そのうちに、神歌をうたう若い衆の声と太鼓の調子が高まってきた。男性の秘密結社による祭儀だと思っていたので、集落の女性たちが歌をうたいながら東原にでてきたときには不意をつかれた。赤ハチマキと白ハチマキの若い衆、途中から入ってきて円陣を組む女性陣が、渦を巻くようにして巻踊《マキブドゥリ》をはじめる。その渦の中心にいるのはアカタマとクロマタだが、ゆっくりとした踊りが段々と速くなり、乱舞になって、さいごには人と神が無秩序に交差しながら一体となった。頭に血流がのぼるような昂奮がぼくの内側からわきあがってくる。仮面をつけて、体中につる草を巻きつけた精霊をあがめるプリミティブな祭祀だと思う反面、古い時代にさかのぼれば、カミや精霊とはこのように畏れ敬われる異形のカミが本来の姿であったのではないかとも思い、厳粛な気持ちになった。

重層し複合する来訪神

沖縄出身の民俗学者である喜舎場永珣は、アカマタクロマタの神歌やいくつかの由来譚を収集した。いろいろな伝承があるなかで、喜舎場は宮良村に残る南方起源説を報告している。それによれば、沖縄島の中山王府に貢ぎ物を送るため、船に役人たちを乗せて、石垣島から沖縄島へむかった十四、五人の宮良村の男たちがあった。ということは、十四世紀から十五世紀頃という時代設定になるか。ところが途中で暴風にあって船は漂流し、漂着したところは「南蛮の島」であった。部落民たちに助けられて数年が経った頃、山奥の川辺でたいまつをたいて太鼓をたたき、鬼面をかぶって踊り狂っているグループを目撃した。

「この附近の農作物はどの作物を見ても立派に稔っている。これはきっと豊作の神であり、豊作を祈る祭りであるに相違ない」と思い、この鬼面を盗み、その夜のうちに船で島を脱出した。[*6] 宮良村の男たちは島を伝って琉球までもどり、さいごに八重山まで帰ってきた。そのときに持ち帰ったのが、アカマタクロマタの仮面だとされている。ここでいう「南蛮の島」がどこであったのか。現在のヴェトナムやインドシナ半島だという主張があれば、台湾島の東にある離島の蘭嶼に住むアミ族だったという仮説を立てた研究者もある。[*7] アカマタクロマタの神が持つ巨体、つる草をまとう独特の風貌、遠い異邦からきたことを想像させる原始的な仮面。これらの要素は郷土に特有のものとは見なされず、喜舎場やほかの研究者たちを南方起源説へと傾かせることになった。

このアカマター祭祀の神謡及びその他の八重山古謡等を研究して行く限りにおいては、南方地方との関係がすこぶる濃いように思われる。現に神事に唄われている唄の節々には「トゥ」（唐）とか「マナバン」（真南蛮）とか「アンナン」（安南）とか、あるいはまた「ハイヌシィマ」（南の島々）などという南方地方の名称が明確に出てくる事実や宮良、小浜などの由来伝承及びその神事そのものの持つ特異性などを考えたとき、外来の習俗のようにも考えられてならない。[*8]

喜舎場永珣が長年にわたる観察と研究によってつむぎだした考察には、一定の説得力がある。彼の南方起源説の根拠はそれだけではない。八重山諸島のアカマタクロマタは、現在はプールかプーリィと呼ばれる豊年祭でおこなわれるが、それはこの神々が「世《ユー》」と呼ばれる五穀豊穣をもたらすと考えられてきたからだ。喜舎場は、アカマタクロマタのなかでつかわれる「呪言中にも『ハイヌシィマ、ウヤキシィマ』（南の島、裕福な島）という語があり、『南の島』こそは『裕福な島』であるというふうに対語になっている」ことを指摘する。[*9] ここでは太陽がのぼる東方の海上にあると考えられるニライカナイ（根の国）への御嶽《うたき》信仰ではなく、南の方角に豊かな国があり、そこから島を繁栄させる穀物が伝来されたという信仰が、アカマタクロマタや豊年祭にあることが示唆されている。喜舎場はみずから採集した「古見村の赤マターユンタ」の神謡にその根拠を見いだす。

シンピル　マンピル　ヌ
ファリドゥ　ヌ
アンナン　カラ
ワタリ　オッタル
シィスマタ　アカマターヌ　マイ

千尋も万尋もある
遠い遥かな海の彼方の
安南国から
渡って来られた
「白マター・赤マター」の神様[*10]

もっとも古くから祭祀をおこなってきた西表島の古見村では、これらの来訪神が遠い海のかなたの安南からきたとうたっている。だからといって、それが現在のヴェトナムだったと同定できるわけではない。ここでいわれる「安南」は、南方のどこか遠くの裕福な国というほどの意味でしかない。精霊の風変わりな容貌に注目すれば、悪石島のボゼや宮古島の島尻集落でおこなわれるパーントゥやアカマタクロマタは、東南アジアやミクロネシアやメラネシアの精霊に近いようにも思える。民族学者の岡正雄は、アカマタクロマタにおける仮面や植物を身にまとった草荘神という特徴、一年の決められた時期に集落にやってくるという来訪神の性質、そして秘密結社がその祭祀をとりおこなうという点で、パプアニューギニアのビスマルク諸島に住む、トライ族に伝わってきたトゥブアンと呼ばれる精霊の祭祀とそっくりだと考えた。「季節を定めて、男たち

アカマタクロマタ発祥の地、西表島の古見集落。マングローブの林になった後退（しいら）川の河口で儀礼がおこなわれた

が仮面仮装、妖怪のようなふうをしたものが、船に乗って島々にあらわれてきて、そこで踊りや芝居をやり、村の女や子供たちを脅かしたり、おどしたり、子供や娘たちにイニシエイション（入社式または成年式）を施して、また船にのって去ってゆく」[*11]。このトゥブアンという精霊は、円錐状をした頭にふたつの同心円の大きな目を持ち、体全体は草で覆われた蓑を着ており、体は球体に近く、そこに不釣りあいに見える小さな人間のような足をしている。トゥブアンの精霊の儀礼は、ドゥグドゥグと呼ばれる若者の秘密結社が担っており、若者たちはイニシエーション儀礼を受けたうえでこの組織に入る。たしかに、精霊の風貌や秘密結社性を保持するところまでアカマタクロマタによく似ている。岡正雄は人類史における移動という観点から、列島における来訪神を再検討しようとした。

たとえば、東北のナマハゲ、コトコト、パカパカといわれる習俗ですが、小正月の晩、あるいは月夜の晩に、村の若者が仮面仮装して気味の悪い音をたてて家々を訪れてくる。時には闖入してきて食物や金を強請し、女や子供をおどしたりしてゆく。琉球におけるこれに類似する風習をあいだにおくと、メラネシアの秘密結社との近似がいちじるしくなってくる。琉球では新年祭、盆祭、ワラビ祭、海神祭とかに、やはり仮面仮装の神〜人が島島に訪れてくる。すなわち海の彼方、妣々《はは》の国、祖先の国、常世の国から仮面仮装したものが船に乗ってあらわれてきて、村人に豊作を予祝し、女や子供をおどしたり、そこで成女式をおこなったりするのである。ほとんどメラネシアの秘密結社と差異がない。[*12]

戦後の比較民族学が斬新だったのは、東北のナマハゲのような来訪神を単独で考えても理解できないが、九州南部や沖縄の来訪神をあいだにおけば、パプアニューギニアのような南方との連続性をとらえ直すことができると主張したところだ。そういわれれば、ヴェトナムの中部高原からカンボジアの山岳地帯にかけて暮らすジャライ族には、プティーと呼ばれる墓放棄の祭りがある。その祭祀には、仮面をして体中につる草を巻きつけ、全身を泥だらけにしてあらわれる精霊が登場し、その外見はパーントゥにそっくりだ。

だからといって、即座にジャライ族やその祖先がインドシナ半島から海をわたってきて、宮古や八重山にその祭祀を伝承させたという仮説を立てることにはならない。パーントゥではアカマタクロマタと同じように、村外れの泥沼（地下世界への入り口）から異形の神々が出現するが、その一方で、遠方から海岸に漂着した仮面を祀るようになったという伝承も残っている。ここには、地下に黄泉の国や祖霊たちがいる常世があって、そこから神がやってくるという垂直的な志向と、海の彼方から神がまれびととして来訪してくるという水平的な志向と、異なる二系統のものが重ねあわされているように見える。

岡正雄の仮説を受けて、石垣市出身の民俗学者である宮良高弘はこんなふうに考えた。「御嶽信仰は、天から降臨する垂直的（vertical）な神への信仰で、『アカマタ・クロマタ』信仰は水平線上(horizontal)の遠方から訪来する神へのそれである。ところで、八重山群島全般には、前者が支配的で、後者は既述のごとく一部の地域にのみ存在するという分布からみれば、あるいは前者が、八重山に原初的な信仰で、後者は後に伝播したとも考えられるかも知れない」と。[*13] つまり、水平的な来訪神はあとになって外部から入ってきたのではないかというのだ。ここで重要なのは、ひとつの地域にもさまざまに異なる系統の信仰や祭祀が、まだら状に共存していることだ。ひとつの祭祀と思われるもののなかにも、何十年何百年という時間を経るうちに変化したり、異なる信仰と複合したりして、いくつもの流れを内側に重層的に含むようになる。確たることがいえるのは、そこまでだ。

たしかに並行的な現象として、八重山のアカマタクロマタとニューギニアのトゥブアンを比較することはできるが、どちらか一方がもう一方に伝播したとか、漂流した人間がその祭祀を持ち帰ったとする伝説に、ある程度以上の説得力を求めることはむずかしいだろう。仮面や装束に注目したとしても、歌謡や神謡を掘り下げても、祭祀集団の構造や秘密結社の特質を考察しても、そこからは異なる仮説が生まれてくるばかりで、それがどこからやってきたかという起源にたどり着くことはできまい。どうして八重山の数カ所の集落にアカマタクロマタのような精霊を祀る儀礼があるのか、それらのカミはいったいどこからきたのか。永遠にわかりえないからこそ、人はその神秘に魅せられる。

ここで岡正雄にならって、アカマタクロマタを考える視点を八重山諸島の古俗を考える郷土史、あるいは日本列島の祭祀を考える民俗学という視点から、東アジアの太平洋地域というマクロな視点に移しかえてみよう。ぼくたちの想像力は思いのほか、北海道が北にあり沖縄が南にある日本列島を描いたメルカトル図法に束縛されているが、南方をうえにしたいつもとは逆さの日本地図を思い浮かべてほしい。すると、朝鮮半島や中国の東海岸から東シナ海へ船を漕ぎでるときに、海の彼方に点々と連なった奄美や沖縄の島々から成る琉球弧が見えてくる。本州から見れば宮古や八重山は辺境の島々だが、半島や大陸から東シナ海や太平洋へでていくときには、最初にたどり着く玄関口である。

日本列島に残る来訪神の分布を地図で確認すると、それらが日本海から九州の西岸や南部、そしてトカラ列島、奄美、沖縄に多いのはなぜかと誰もが素朴な疑問をいだくだろう。さらに環太平洋地域という縮尺にまで視野を広げてみれば、琉球弧だけではなく日本列島全体が来訪神のひとつのメッカであり、世界宗教の影響をあまり受けていないアニミスティックな祭祀を多く残す辺境の地であることが見えてくる。その群島のなかで、仮面とつる草から成る草荘神は、本州や九州に伝わる来訪神の一バリエーションにすぎない。本州や九州や琉球弧は、大陸や半島に面する沿岸にあって、さまざまな人びとが海路を行き交うときの辺境の島々であった。そのような場所に来訪する外来者が、より豊かな穀物や文明を運んでくる稀人《まれびと》や来訪神として、信仰の対象になったことは自然なことだ。そう考えると、岡正雄の考えとは異なった答えが導きだされる。アカマタクロマタはヴェトナムやパプアニューギニアから伝来した神というよりはむしろ、地元にもともとあった精霊のうえに、海のむこうからくる来訪神への信仰が重なったものなのではないか。八重山諸島という東シナ海と太平洋のはざまにあって、アカマタクロマタの祭祀に年月をかけてさまざまに異なる要素が加わっていき、異なる系統の信仰が重層していった。そんなふうに視点を変えれば、古くから残る祭祀のありもしない起源を求めることなく、複合化された来訪神の儀礼が存在するだけだという現実的な側面が見えてくるのではないか。

ニイルピトと蛇信仰

宵闇の帳《とばり》がおりて、あたりはすっかり暗くなった。石垣博孝さんに案内してもらい、宮良集落のアカマタクロマタが個別に訪ねてくる家へむかった。門柱が青く塗ってあり、庭のある八重山らしいコンクリートづくりの平屋で、すでに玄関は何十人もの人の靴でいっぱいになっている。きれいな白いサンゴ砂を敷き詰めた庭に、室内から光がさす。庭に面した客間のガラス戸は取り外されて、その家のおばあさんや親類縁者、近所の人やぼくのような見物人が莫蓙のうえにぎっしりと座っていた。真夏の夜に戸を開け放ち、知人同士があいさつをしたり、ぽつりぽつりと家族や親戚同士でおしゃべりをしたり、カミを待ち受ける人たちの浮き立つ思いが伝わってくる。アカマタクロマタは仮面を保管していた前盛家をでて、この家にむかっている頃だろう。遠くから太鼓の乾いた音がきこえ、若い衆たちが神歌をうたう声と人びとの発する熱気が目に見えない気配のように宙を漂ってくる。

ヤンゴーホレーヘー
ヤンゴーホレーヘー　ヤンゴーホレー
イリヨーホーン　ナーハヌ
ピヤンザーヨーミチカラ
ヤンザーハーヨー　ヒヤンザーハヨー

少しずつ太鼓の音が近づいてきて、夜道を黒い集団がやってくる。最初に旗もちが庭に姿を現した。そのあと太鼓をたたく若い衆と警護団をしたがえて、アカマタとクロマタの巨体がせまい空間に押し入ってきた。キャーッと奇声をあげて、小さな子どもが母親の胸もとに逃げこむ。ほかの大人たちは異形の姿をしたカミが、体をゆらす姿を固唾《かたず》を飲んで見守っている。ぼくはといえば、先ほどの東原ではよく見えなかったアカマタクロマタの仮面の表情と、その細部を見極めようと待ちかまえた。そのときに歌が変調した。アカマタの組が合唱でゆるやかにうたい、それに対してクロマタの組が「エイヤー」と囃子《はやし》を入れるかけあいになった。そのとき、アカマタとクロマタは巨大な爬虫類かけもののようにブルブルッと身を震わせ、手にもった木剣を振りながら踊りだした。

近くの特等席ともいえる椅子に座っていた老婆が、よろよろと立ちあがって縁側まで歩みよった。そして、お供え物の近くに膝からへたりこみ、闇のなかでうごめくアカマタとクロマタに、ありがたそうに手をあわせて頭《こうべ》を垂れた。すると、頭にススキの枝を差したアカマタが、まるで恐竜が獲物を食べるために物色するときのように、その老婆のほうへと接近し、庭に注ぎこむ灯りのなかにヌッと姿を現した。仮面の奥にある目は、貝殻なのか虹色に光っている。しばらくして、クロマタも同じような動作で客間に近づいた。そのときも精霊への畏怖心というよりは、自分より大きな動物によって食べ物として見られるときの身がすくむような恐怖感をおぼえた。

両脇に赤や白のハチマキをした青年たちをしたがえて、アカマタとクロマタは飛びはねて踊った。はねるたびに、つる草でできた蓑がガサガサッと音を立てる。それを見て頭におりてきた直観は、何かの動物の動きに似ているということだった。数分ほど同じ神歌がつづいてから、精霊たちは急に踊りをやめて門外の闇に消えた。椅子にもどった老婆が「今年もぶじに健康なままで拝めることができてよかった」と周囲の人に話している。異形の精霊を年に一回やってくる稀人として、心から待ちわびる島人の心根を感じた。ぼくは一度見ただけでは満足ができず、アカマタとクロマタのあとを追いかけて、国道沿いにあるオーセ（番所）の庭でもう一度見学した。それでも、生理的に受けつけるのがむずかしい巨大な生き物がゆさゆさと歩き、飛びはねているという最初の印象は変わらなかった。

谷川健一が「全身木の葉や蔓草で蔽われた異貌の神」と形容したアカマタクロマタを実地で見て、ぼくがおぼえたふしぎな印象はなんだったのか。そのことを、来訪神よりもせまい意味の「草荘神」という概念で谷川はとらえようとした。

このように草や木の葉をもって身をよそおった神を『宮古旧記』には木荘神、草荘神と呼んでいる。すなわち「男神は紅葉を以て身を荘厳す。故に木荘神と云ふ。女神は青草を以て身を荘厳す。故に草荘神と曰ふ」（『島始』）とある。宮古島の島の起こりのときに現われる神が、草や木で身をかざったというのは、神の姿のもっとも古い形を伝えていると思われるのである。こうした眼で、日本本土と琉球弧を問わず祭の光景を眺めるとき、さまざまに進化変貌した祭の様式の背後に神々の素朴な古型が浮び上ってくるのを否定しようもないのである。草や木の葉を身につけるのは人間と分け隔つ神の印であり、それによって人びとは自分たちと違う存在を確認するのである。[*14]

短い文章ながら、ここには重要なことがいわれている。まず、草木で身をかざった「草荘神」という観点からすれば、九州などの日本本土と沖縄という区別には大した意味がないとする。それから、長い年月を経て祭りや神の様相が質的に変化したとはいえ、人間と神を決定的にわかつ古いかたちは「草木を身にまとうことにある」という。柳田國男もおよそ百年前に石垣島の宮良集落でアカマタクロマタを見学して、そのことを「海南小記」に書いた。二神が出現するナビンドウを「右手の海際に、わずかの木杜《きもり》を負うた崖の岩屋」であるとしているから、洞窟の入り口まではいったのだろう。詩人の感性を持つ民俗学者だけあり、ニロー神やニイルピト（二色人）と呼ばれる神の呼び名を、ニーランやニライカナイと呼ばれる根の国をあらわす言葉と結びつけて二者をよりあわせる。

宮良の人々は神の名を呼ぶことを憚って、単にこれをニイルピトといっている。それを赤と黒と二色の人ということであるというが、ニイルはすなわち常世の国のことだから、これも遠くより来る神の意であろう。この村の旧家の前盛某が、平日はこの神の装束を厳重に預かっている。木を削って作った怖ろしい面で、赤は黒よりもなお一段と怖ろしいそうだ。茅や草の葉を身に覆うて人がこの面を被るということだが、自分は信徒に対する敬意から、強いて拝見を求めなかった。[*15]

同じ八重山の竹富島の西海岸に、南の彼方から穀物の種子を積んだ豊年の船が着くところがあって、そこはニーランと呼ばれる霊地である。あるいは、郷土史家の宮良賢貞によれば「深い海、遠方のことをニーラスクとも八重山人は云っている」というので、根《ニー》には南方の豊かな国という意味と同時に、死者たちの霊魂がいくことになる常世のイメージが二重露光されている。[*16]おもしろいのは、以前の宮良集落の人たちがアカマタやクロマタという名を口にすることが憚られるので、全身を草やつるで仮装した来訪神のことを「ニール神」とか「ニーロー神」という尊称で呼んでいたことだ。どうしてアカマタクロマタは俗称であり、ニール神は尊称だというのか。ここにも異なる二つ以上の要素の絡みあいや重なりあいがありそうだ。

ニール神は伝統的な御嶽信仰のもので、ニーラスク（死者の国、常世）からやってきて豊年をもたらしてくれる祖先の霊の集合である。ところが、赤と黒の仮面をかぶったニイルピトは人間の霊というよりも、洞窟のなかで出現するまれびと（来訪神）の系統に属する。一方は死者の国が海上にあるとし、他方はそれが地中にあるとする。ここで思いだしたいのは、沖縄に「アカマター」と呼ばれる蛇の神がいることだ。「その昔、美しい娘の家へ夜な夜な美しい青年が通ってきました。やがて二人は愛しあうようになり、娘は青年の身元が知りたくなって、こっそりその着物に針を刺しておきました。翌日、糸を頼りに捜していくと、針は洞窟の中で寝ているアカマターという蛇のウロコに刺さっていたと言います[*17]」。これは異類婚姻譚になっていて、娘はアカマターの子を身ごもって流産し、女性は年に一回浜下りをして不浄を流すようになったことの謂われになっている。

蛇の神であるアカマターと、ニイルピトであるアカマタクロマタを同じ土俵で考察することは不謹慎なことだろうか。アカマタクロマタの呼称について喜舎場永珣は、最初はアカウムティ（赤い面《ウムティ》）で、アカウムティ・クルウムティであったものが転訛したのではないかといった。石垣島出身の国学者である宮良当壮は、川平集落に伝わる真世がなし（マユンガナシ）のマユに結びつけ、マユの国からおとずれる神人だとした[*18]。折口信夫はアオマタというものをあげて、アカマタを蛇の一種だと考えた。沖縄芸能研究家の佐藤善五郎はアカマタクロマタと蛇のアカマターを同一視し、一七六八年に記された『八重山島御規模帳』においてすでにこの祭祀が、古見、小浜、高那の三集落において「阿か満《ま》た・黒満た」と呼ばれていたという。

アカマタは蛇の一種である。ハブほど有毒ではないが、ハブはアカマタを恐れて逃げるとされている。しかし伝説によると男に化けて女を妊ませるとされ、三月三日の浜下りに洗い流すとその宿した種子を流すことができるとされている。これに類似した伝説は日本各地に残されているが、沖縄全域にも伝播され、奄美にもかつて伝えられていた[*19]。

宮良で見たアカマタクロマタが、蛇と人間が融合したマジムン（妖怪、悪霊）であるといわれたら、ぼくの実感としてはそれが一番近い。洞窟のなかで、アカマタ、クロマタ、シロマタといった親神や子神から成る来訪神が出現するあたりも、穴のなかの暗闇でとぐろを巻く蛇を連想させる。佐藤善五郎は、宮古島の漲水御嶽や狩俣集落の守護神についての神話が、蛇と人間が交婚する異類婚姻譚になっていることを指摘する。人が神になる草荘神において、ビロウのような常緑樹を身につけるのは、むかしの人が、年中色を変えることもなく青々とした緑色を保つ植物の葉に永生の神秘を感じたからである。それと同じで、蛇や蟹が皮を脱皮して新しい体に生まれ変わる、つまりは「しでる・すでる」生き物であるところに、人は永遠なる生命のメタファーを見いだした。そういわれれば、アカマタクロマタの神歌のなかにも「しでる」という言葉がつかわれている。

これだけの材料では、到底アカマタクロマタを蛇の一種や妖怪として説明する根拠になりえない。だが、さまざまな要素が複合した神であろうから、何かひとつの起源や由来に同定させる必要もないのではないか。それにしても、佐藤善五郎の「マジムンとおそれられる呪的怪魔を守護神としてまつりあげ、それを視覚表現化して威力ある守護神の呪力によって村のさまざまな邪霊や病魔を威嚇し鎮圧する行事としてあった可能性がある」という説明には否定しがたい魅力を感じる。そこにこそ、草木を身につけた草荘神であるだけでなく、人びとが「沖縄や日本列島のものではありえない外来のもの」と考えるほど原始的でおそろしい仮面になった理由があるのではないか。アカマタクロマタが持つ異形の姿も、ほかの魔的な存在をねじ伏せるためのものであったといわれれば納得がいく。

そうなると、ぼくが宮良集落の東原で目撃したアカマタクロマタの神事は、ふつうに考えられている解釈とは百八十度ひっくり返った意味のものになる。すなわち、集落の人たちはナビンドウから二神が出現したことを喜んでいたのではなく、大勢で魔物を取りかこみ、それがほかの邪霊や病魔を鎮めたあと、早く立ち去ってほしいという願いをこめた舞であったことになる。興奮の絶頂で締められた巻踊りも、その実は怪魔を撃退するなり、その魔力を奪うなりするための呪術的な行為だったのかもしれない。そのように考えた下野敏見や佐藤善五郎らの解釈のほうに強い説得力を感じる。

もし、アカマタクロマタに蛇の魔物という一面があるとしても、そこには草木を身にまとう草荘神という要素もあって、両者は不可分なかたちで複合しているだろう。その出現の仕方を見ても、地下にある死者の国からやってくる来訪神という側面を持ちながら、祖先の霊が集まる海上の常世からきて豊年をもたらすという農耕社会以降の御嶽信仰が折り重ねられている。さらに、集落出身の素行の正しい若者しか入ることのできない秘密結社が祭祀をとりおこなうという性質が加わり、集落における良風を自然とかたちづくるための習俗でもあった。古くから同じかたちを保ちつづける、不自然な儀礼をありがたがる必要はない。それぞれの時代において、カミは共同体に必要とされる姿かたちをとり、信仰のあり方も世のなかの変遷と無縁でありえるはずがない。さまざまな要素を内側に含み、質的変化をくり返してきたからこそ、アカマタクロマタの草荘神はいまも聖性を発揮しつづけ、その祭祀も廃れることなく、人びとを惹きつけてやまない熱をもっているのではないか。

＊1 谷川健一著「草荘神の古型」『季刊 自然と文化』一九八九年秋季号、八頁

＊2 喜舎場永珣著「赤マター神事に関する覚書」『八重山民俗誌 上巻』沖縄タイムス社、一九七七年、三〇九頁

＊3 本田安次著『沖縄の祭と芸能』第一書房、一九九一年、一〇二頁

＊4 「赤マター神事に関する覚書」前掲、三〇八—三〇九頁

＊5 宮良賢貞著「新城島上地の穂利《プール》と赤マタ・黒マタ」『八重山芸能と民俗』根元書房、一九七九年、二八七頁

＊6 宮良賢貞著『八重山芸能と民俗』前掲、二九九—三〇一頁

＊7 本位田重美著「沖縄原住民に関する一仮説——小浜島のアカマタ祭を手がかりとして」関西学院大学紀要『人文研究』22巻2号、一九七二年、一—二二頁

＊8 「赤マター神事に関する覚書」前掲、二八四—二八五頁

＊9 同前、二八五頁

＊10 同前、二八五—二八六頁

＊11 石田英一郎、江上波夫、岡正雄、八幡一郎著『日本民族の起源』平凡社、一九五八年、七三—七四頁

＊12 同前、七四頁

＊13 宮良高弘著「八重山群島におけるいわゆる秘密結社について」『民族学研究』一九六二年十二月、三五〇頁

＊14 谷川健一著「草荘神の古型」前掲、九頁

＊15 「海南小記 二七 二色人」『柳田國男全集Ⅰ』ちくま文庫、一九八九年、三九七頁

＊16 宮良賢貞著「小浜島とニロー神」『八重山芸能と民俗』根元書房、一九七九年、二六三頁

＊17　高良勉著『沖縄生活誌』岩波新書、二〇〇五年、五二頁
＊18　佐藤善五郎著「アカマタ・クロマタ考」『まつりと芸能の研究』田中義廣編著、錦正社、一九八三年、三二六頁
＊19　同前、三二九頁

北辺の映像民俗学——野田真吉と姫田忠義

戦後のドキュメンタリー映画を見わたして気になるのは、北方の「辺境」や「僻地」で撮られた作品である。日本社会が近代化し経済的に豊かになっていった時代に、政治経済的な中心がかたちづくられるとともに、そこから遠くはなれた土地は周縁化された。忘れられた土地として過疎化し、ときには都会の近くに置けない危険な施設を押しつけられた。ドキュメンタリーのつくり手は、中心が周縁を再生産する不条理を映像で可視化するだけでなく、それらの土地の古層にある民俗に目をこらし、基層文化に生きる人たちの声に耳をすませた。北辺で撮られた映像民俗学的な視点を持つ作品には、戦後という時代をぼくたちが複眼的にとらえ直すためのヒントが詰まっているのだ。

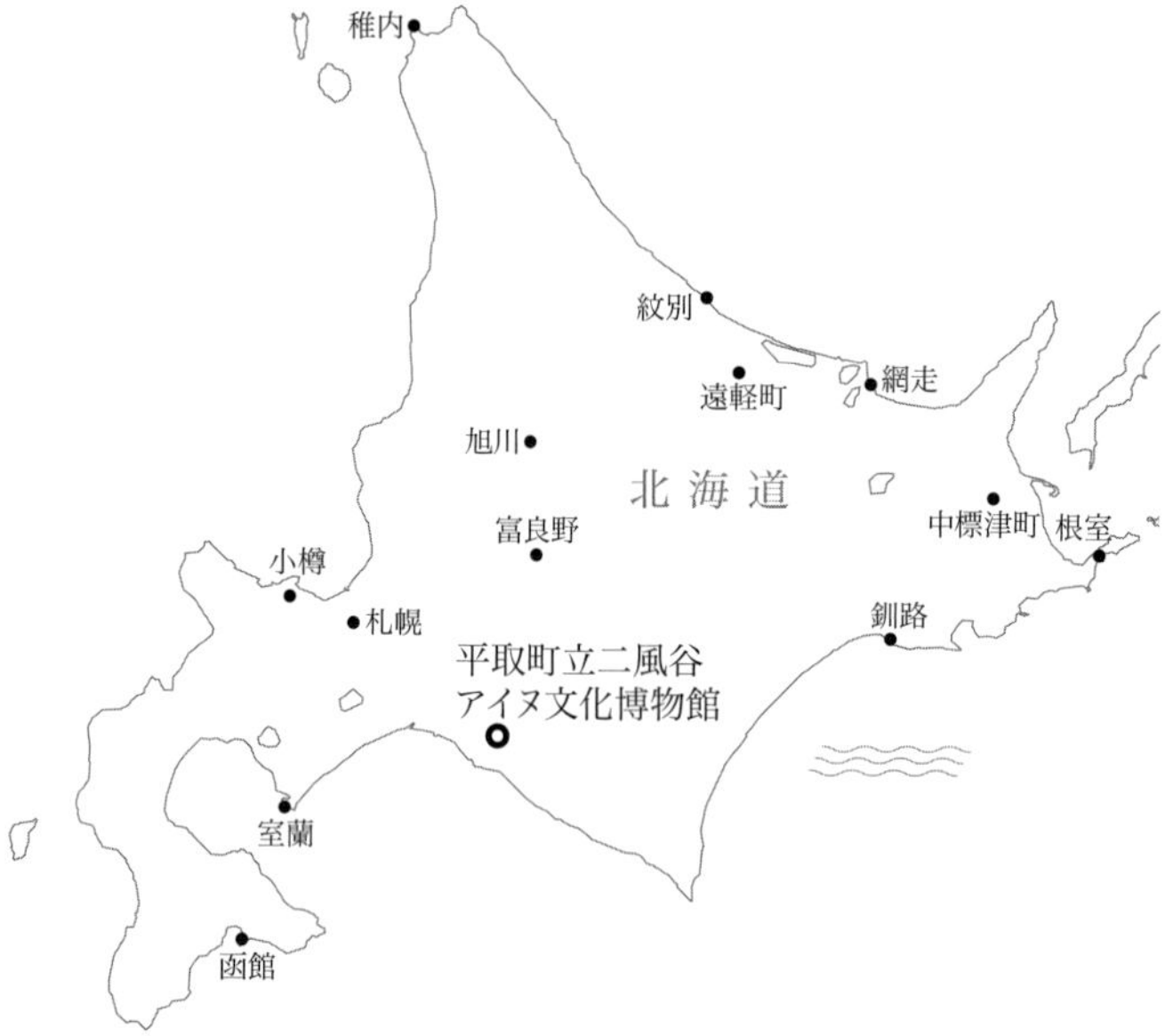

のちに民族文化映像研究所を率いることになる姫田忠義が、アイヌ文化伝承者の萱野茂《かやのしげる》に会ったのは一九六七年のことだ。最初はテレビ番組の仕事で知りあったが、懸命にノートを取り、真剣に話を聞く姫田の姿に「こいつは他のシャモ（和人）とはちがう」と萱野が直感したという。[*1] シャモは、アイヌ語のシ・サム・ウタラ（われわれの隣の仲間）を短く省略した言葉。萱野は北海道の二風谷《にぶたに》のアイヌに生まれ、若い頃は山林労働者の親方をしていた。二十代後半のときに家族がアイヌの家宝を大切にしない姿を目の当たりにして、ひとり民具を集め、ウウェペケレなど伝承の物語を録音して歩くようになった人物だ。後年、収集したものは二風谷アイヌ資料館の基礎になっ

た。知里真志保《ちりましほ》や金田一京助と知りあってユーカラ研究を手伝い、アイヌ文化に関する数々の著書を発表し、晩年はアイヌとして初めて国会議員も務めた。萱野たちに信頼された姫田は、七、八十年ぶりにアイヌ式でおこなわれた結婚式を『アイヌの結婚式』(一九七一年)に撮り、その三年後には『チセ・ア・カラ——われら家をつくる』(一九七四年)も完成する。そんなふたりの信頼関係なくしてつくり得なかったのが、姫田の代表作『イヨマンテ 熊送り』(一九七七年)である。

ぼくが二風谷に滞在していたとき、アイヌ文化の伝承者である貝沢薫氏に「あなたたちシャモは農耕民族だからとれる作物を根こそぎとってしまう。アイヌは狩猟民族だから、獲物も植物もそのときに食べるものしかとらず、あとは残しておく」といわれたことがある。長らく和人と接触しながらも、アイヌは漁労や狩猟採集の生活文化を保ち、独自の自然観を育んできた。その精神文化がよく表現されているのが、熊送りの儀礼である。アイヌ語では、イ(それを)・オマンテ(送る)の意。アイヌの死生観からすると、亡くなった祖先の霊魂が神の国に住んでいて、時おり動物の毛皮をかぶって地上におりてきてくれる。それが自然の恵みとなって、肉を食べ、毛皮を被服にし、熊の胆からは万病の薬もとるのだ。そこで、山で子熊をつかまえ、一年間ご馳走を食べさせて大切に育てあげ、「アイヌの集落《コタン》は楽しいところだから、また来て下さい」という願いをこめて、子熊を矢で射って殺す。そして、みやげをたくさん持たせて神として他界に送る祭りをするのである。

姫田忠義たちが二風谷で撮影した時代は、まだ十年に一回はイヨマンテがおこなわれていた。N・G・マンローらが過去にこの祭祀を撮影した例はあるが、『イヨマンテ 熊送り』はカラーで儀礼の詳細を記録している。檻《おり》からだされた熊を射る花矢のほかに、アイヌはとどめを刺すために特別な矢をつかう。鹿の足の骨から矢を削りだし、竹で矢じりをつくってトリカブトをつける方法を萱野自身が開陳してくれる。これは将来、イヨマンテを復活させたいというアイヌの伝承者があらわれたときに役立つだろう。熊を解体したあとで、木に性器や内臓をもとの体のかたちをなぞって引っかけるカムシケニは、さまざまな資料で読んでも判然としなかったが、この映像を見たら一発で理解できた。

その最たるものが、二日目の真夜中におこなわれるウンメムケ（頭の化粧）の秘儀であろう。熊の頭皮を切りはなし、頭骨から脳髄や眼球や舌など内部を取り去ったあと、多量のイナウ（木の枠を削って房状にしたアイヌの祭具）でおおって仕上げる。それをユクサパウンニ（熊の頭をつける木）につけて服を着せ、たくさんのおみやげを持たせ、零下二十度のなかでケオマンテ（亡骸送り）の儀礼をするシークエンスは見ごたえがある。この作品で注目したいのは、フィルムを見ながら萱野茂と姫田忠義のふたりが会話をし、語りおろす体裁でナレーションを入れていることだ。このことは植民者側の和人ではなくアイヌ自身に語ってもらうことを意味する。また、聞き手の姫田が質問し、アイヌ語話者として生まれた萱野が穏やかな声で語ることで、先住民の奥行きの深い世界に案内するような構成にもなっている。

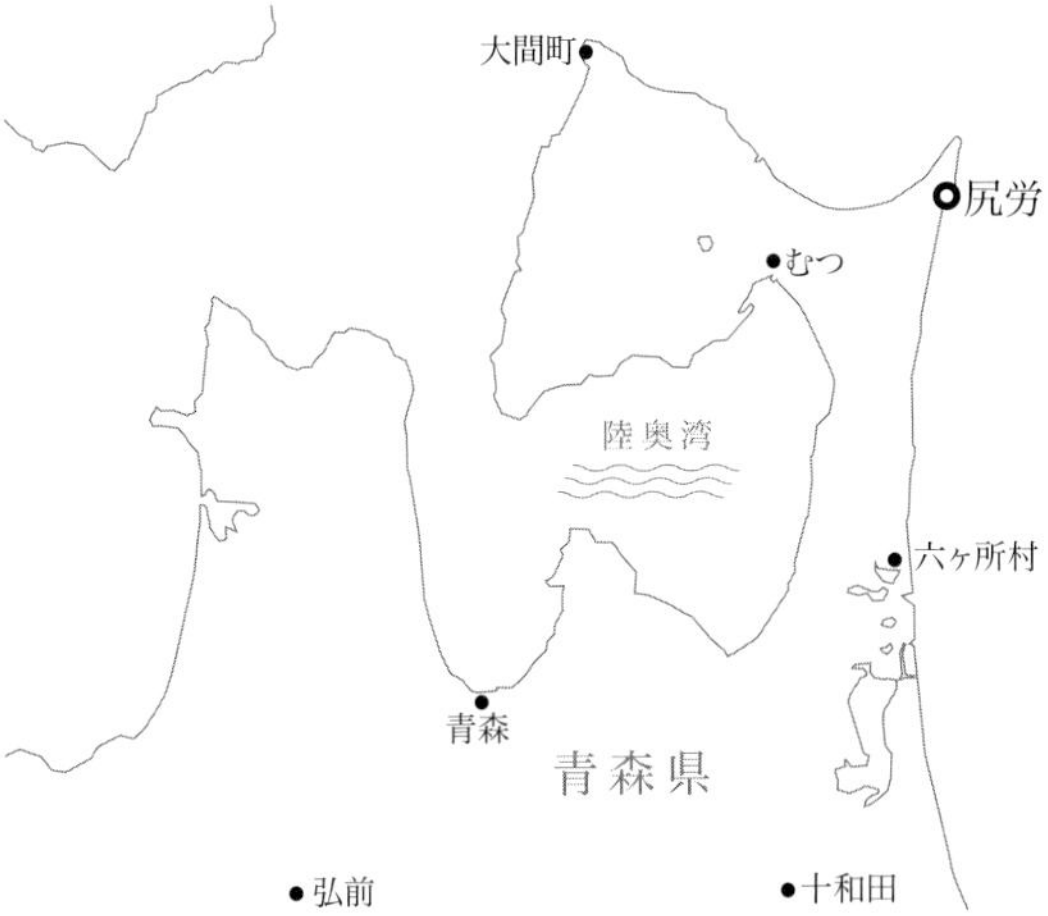

いまも残るアイヌ語地名を探して、青森県の下北半島を旅したときのことだ。大湊に泊まって恐山をおとずれた翌日、尻屋崎を北上し、太平洋岸にある東通村の尻労《しつかり》集落に入った。小田野沢から北にむかって十七キロにわたって猿ヶ森砂丘のゆるやかな海岸線がつづく。その浜が桑畑山で遮られる北端が尻労で、山すその起伏ある地形に集落が広がっている。地名研究家の山田秀三によれば、北海道の静狩《しずかり》と同じように、アイヌ語の原義にもどすと、シリ（山）とツカリ（手前）で「山の手前」、行き止まりの意になる。両者の地形もそっくりだ。古くは東北の沿岸部に広く暮らしていたアイヌ語話者たちは、漁労や狩猟を中心に生活を営み、地形に忠実な地名をつけるのが常だった。

午後の陽光のなかで、桑畑山のうえから列島最大級の砂丘を見下ろす。すると、そこは自衛隊の実弾射撃場になっており、南端の行き止まりには東通原発があるのだった。

『忘れられた土地――生活の記録シリーズⅡ』（一九五八年）は、下北半島の尻労集落における戦後の生活誌を撮った野田真吉の代表作である。映画の冒頭、カメラは山上から尻労の集落を俯瞰でとらえる。戸数約百戸、人口八百名余の小さな村は、他の集落や町から隔絶された僻地であるとナレーションが語る。生活スタイルは典型的な半漁半農。朝、茅葺き屋根の家々が立ちならぶ漁村を、モンペ姿の主婦が水汲みにでかける。陸で畑を耕すのも女たちの仕事だ。作物は稗《ひえ》、粟《あわ》、馬鈴薯などで、五月から六月には地元で「ガス」と呼ばれる海からの霧がでて陽光を遮るので、米などの穀物が育ちにくい土地柄。男たちは昔ながらの木製の「磯舟」で海にでる。「磯舟」では浜の近くでしか漁ができない。それも時化《しけ》ると漁にでられない。比較的海の静かな春先のマス釣りが、ここの漁師の働きどきである。でもとれ高は少ない」と説明が入る。近代的な大型漁船が沖合いで魚を捕らえてしまい、沿岸までたどり着かないからだ。

『忘れられた土地』が批評的な視点をもち得ているのは、尻労の人たちがじり貧にならざるを得ない構造を可視化しているからだ。映画の中盤、背後の山々に石灰岩が埋蔵されていることが判明する。村人は多くの雇用が生みだされるかと期待するが、鉱山会社は山の反対側の陸奥湾沿いに工場をつくってしまう。大きい子どもは、学校から帰ると親の手伝いをする。小さい子どもは浜で海草をとって、それを売ったお金で教材やボールなどの遊具を購入する。そんな状態であるため、毎年五月頃になると八十名から百名の青年や大人が半年ほど出稼ぎにでる。男は八戸近辺の船主のもとで漁業労働に従事し、女と中学を卒業したばかりの子どもは砂防林の植林作業をする。トラックの荷台に乗って出稼ぎ先にむかう人びとを紙テープで見送るさまが、情感豊かに描かれる。残った老人や子どもたちが出稼ぎにいった人のために「陰膳」をする場面もすばらしい。

演出と脚本を手がけた野田真吉は、戦前に詩人として出発し、その後PR映画やドキュメンタリー映画を撮りつづけた名匠である。「日本記録映画作家協会」の結成や『映画批評』『記録映画』などの雑誌編集に関わり、労作『日本ドキュメンタリー映画全史』のような著作もある、戦後の記録映画をリードした人物である。『忘れられた土地』は教育映画として製作されたので多分に啓蒙的な面があり、事前に書いた脚本をもとにして映像を構成している手法には古さを感じる。だが、一九五〇年代後半という早い時期から野田が民俗学的な視点をもったドキュメンタリーを撮っていたことは特筆に価する。民俗学者の宮本常一たちが編纂した『風土記日本』シリーズの刊行が、この映画が製作された前年の一九五七年であり、宮本によるベストセラー『忘れられた日本人』は一九六〇年にでている。一九七〇年代以降「映像民俗学」という自覚的な言葉をつかって、野田が天龍川流域の芸能や神楽を撮りつづけ、宮田登や北村皆雄とともに「日本映像民俗学の会」を立ちあげていく流れは、すでにこの映画に胚胎していたと考えることができる。

もうひとつ指摘しておきたいのは、『忘れられた土地』が下北半島にある小さな漁村に、山や土地を削って資源を発掘する巨大企業や、国家的な規模の事業が入りこんでくる姿を収めていることだ。村人にとってみれば、それは労働する場を与えてくれる契機であり、食うや食わずの生活から抜けだすことを期待させる何かだった。戦後日本における近代化の波は北辺の地にもおよんでいた。しかし後年になって、野田真吉はこの映画を振り返って次のように書いた。「私の撮影した下北半島北端の村々は高度近代化社会の吐き出す、まるでゴミ捨て場と化しつつある。自衛隊の実弾射爆場、巨大な石油備蓄基地になり、原発の核燃料廃棄物の処理、再生工場、原子力船の碇泊港などの計画が着々と建設に移されつつある」[*2]と。貧しさに喘ぎながらも、昔ながらの家屋や伝統的な漁法、さまざまな習俗を残している村々に野田は愛着をおぼえた。それが破壊されることにだけでなく、近代化を遂げた都市部がみずからの周囲に置きたくないものを下北に押しつけることに異を唱えた。三・一一で福島の原発事故を経験した現代を生きるぼくたちは、それがどのような結末を迎えるのかを知っているが、その兆しはすでに『忘れられた土地』の記録映像によって描かれていたのである。

＊1　姫田忠義著『忘れられた日本の文化』岩波ブックレット、一九九一年、一九頁
＊2　野田真吉著『ある映画作家――フィルモグラフィ的自伝風な覚え書』泰流社、一九八八年、四四頁

水と命がめぐる山の世界

エスノグラフィといえば、厳密には民俗学や文化人類学や社会学において、さまざまな社会へのフィールド調査をもとに書かれた記述のことをいう。近年は、むしろ美術家、写真家、映像作家らが、簡単に入れない奥地や共同体に滞在し、見聞した経験を作品のかたちで発表するケースも多い。それらは学術的な論文よりも、ずっとぼくたちの感性へダイレクトに訴えかけてくるので存在感を増している。写真家の野村恵子さんが発表してきた作品に通底するものは、このエスノグラフィックな精神なのではないだろうか。ここでは、野村さんが長野県の北アルプスの麓にある小谷村《おたり》に通い、発表した写真集『Otari - Pristine Peaks 山霊の庭』を例に考えてみたい。

ぼくは以前、写真家の本橋成一が撮ったドキュメンタリー映画『アラヤシキの住人』たちを観

ていた。その映画は、山奥の廃村にある茅葺き屋根の家で、男女十数人が農業や酪農などに従事しながら共同生活をする姿を撮った、その場所の住人たちについての映画だった。ところが、同じ村で撮られた野村さんの写真集のほうは、この土地の人たちが伝統的に持つ別の生活の面、つまり猟で獲物をとって暮らす「山の人」の生活にフォーカスをあてた作品を多く掲載している。

『Otari - Pristine Peaks』は、小谷村を撮ったすばらしい写真集だ。足かけ四年をかけたというが、雪の深い冬にはじまり、春の訪れを願う節分の火祭りがあって、雪解けから若草の萌えいずる春、そして夏から山々が紅葉で色づく秋の季節まで、風景写真と村人たちのスナップで構成される。そこに空白のページを入れたり、英語でキャプションを添えたりして、写真の意味内容に奥行きを与えている。見開きで二枚の写真を並列するときは、松明《たいまつ》をもった男たちの行列とそれを見つめる女性の顔のクロースアップを組み合わせ、雪に包まれた山裾の村のロング・ショットに切り返すように窓外を眺める女性の横顔を並べて、映像におけるモンタージュのような配置がなされている。それぞれの写真が個別に何か強烈なものを主張するというより、数枚ずつの組み合わせによって文脈が生まれ、写真集を通しで読むことで小谷村の人たちの山とともにある暮らしが実感される。まるで一本のドキュメンタリーを観たあとのような余韻が残るシリーズである。

写真集の前半の主役は、ひとりのベテランの猟師である。彼が自宅のなかで猟銃を手入れする姿を撮った作品には「山には神がいる。／いや、この山のぜんぶが神なんだよ」というキャプションが添えられている。それにつづくのは、物置小屋で内臓を取り除く処理をほどこされたあと、ひもでぶら下げられた二頭のイノシシの死骸の写真だ。そのあとに雪山でライフルを構える猟師の写真がくるので、雪上に横たわる野うさぎの死骸、雪上におかれたイノシシの頭、解体されて赤い肉があらわになった鹿の写真も、老猟師と関係しているのだろうと想像させる。縦長のフレームのなかに、真冬の小川へとおりる坂道をトンネルのように覆う木々と、その先で行く手をふ

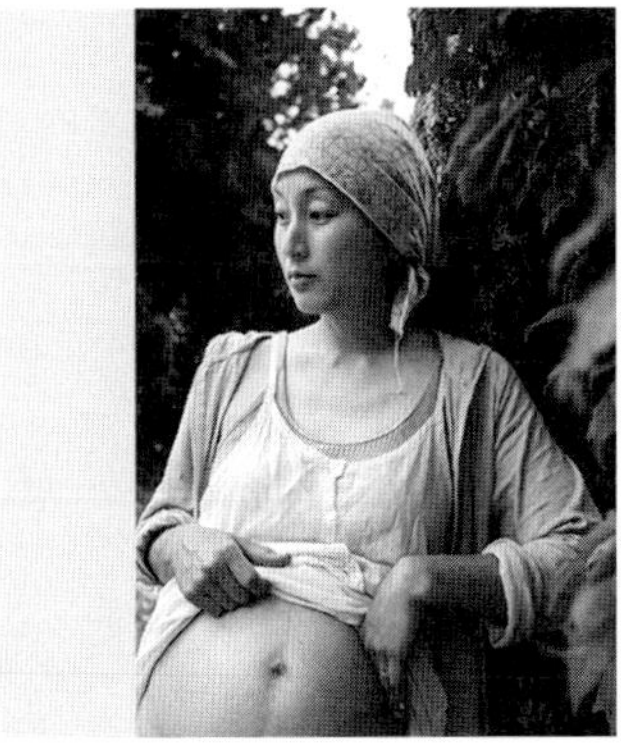

野村恵子著『Otari-Pristine Peaks』（SUPER LABO発行　2018年）表紙

さぐ雪の壁を撮った風景写真が強い印象を残す。そのキャプションには「白銀の世界が広がる山峰、轟く銃声が静寂を引き裂く。／その瞬間、私の魂も山の木霊とともに震えて、／空に飛び散っていくようだった」とある。フレーム内に人の姿はないが、それまでのページをめくってきた記憶があるから、カンジキをはいて雪山を進む猟師と、それを懸命に追う写真家の存在がありありと感じられてくる。このとき写真家が耳にしたのは銃声ではなくて、マタギのあいだに伝わる山の神のサカブ（御声）だったのかもしれない。

ＴＯＣＡＮＡのサイトに掲載された野村恵子さんのインタビューによれば、この老人は「十郎さん」という土地のマタギだという。信州の秋山郷にマタギの伝統があるのは知っていたが、この写真集で小谷村にマタギの老人がいることを知り、心がおどった。マタギは東北を中心に、山間部で伝統的な猟法をしてきた集団である。語源には諸説があり、四国の山奥に狩りをあらわす「マトギ」という語があり、北海道アイヌや樺太アイヌ、樺太のウィルタも「狩り＝マタギ」という言葉をつかったらしい。しかし「マタギ」がアイヌの原語か、日本からの移入語であるかは判然としない。秋田のマタギ研究者である太田雄治が、当人たちに聞いたところによると「山の峰を跨いで行くからマタギだ」「木の叉から生まれたからマタギ（叉木）だ」と答えたそうだ。[*1]古くは享和四年（一八〇四）に旅行家の菅江真澄《すがえますみ》が、北海道の江差で、冬に狩りをする猟師たちが軒を連ねて暮らし、頭領の家に秘伝の巻物が伝わっていたと報告をしている。柳田國男は『山の人生』でこんなふうに書く。

マタギは冬分は山に入って、雪の中を幾日となく旅行し、熊を捕ればその肉を食い、皮と熊胆《くまのい》を附近の里へもって出て、穀物に交易してまた山の小屋へ還る。時には峰づたいに上州、信州の辺まで、下りて来ることがあるという。(……)／マタギの根原に関しては、現在まだ何人も説明を下し得た者はないが、岩手、秋田、青森の諸県において、平地に住む農民たちが、ややこれを異種族視していたことは確かである。(……)菅江真澄の『遊覧記』の中にも、北秋田の山村のマタギの言葉には、犬をセタ、水をワッカ、大きいをポロというの類、アイヌの単語のたくさんに用いられていることを説いてある。[*2]

『山の人生』が発表されたのは一九二五年だが、信州までマタギがおりてきていた書いている。[*3]「山立と山臥」(『柳田國男全集4』四四六頁)では「山中の忌詞で、カリという語をつかうまいとした結果、ふと発明した」のではないかと推測している。この時期の柳田國男は、マタギのアイヌ語起源に興味をもっていた。はたしてマタギは異なる言語や慣習をもっていたから、平地人との接触を避けるように山中に集団で暮らしていたのか。あるいは、山に入ったときに里言葉をつかうことを避けるため、アイヌ語から借用した山言葉をつかったのか。ぼくの考えでは、東北に色濃く残るアイヌ語地名と、江戸期にいたるまで蝦夷《エミシ》の人たちが津軽に暮らしていたという記録から、ある時代まで山間部にアイヌ語系の人たちが暮らしていたと想像するほうがおもしろい。

世界的にも純粋な民族などあり得ず、混成をつづけるのが民族文化の常だから、マタギにもアイヌ的なものやその他の要素が混淆するのは当たり前だ。重要なのは論証を重ねて起源を特定することではなく、長らく残されてきた信仰や慣習のなかに彼らの思想を見いだすことのほうだろう。

そのような観点からも『Otari - Pristine Peaks』は奥深い写真表現をはらんでいる。この写真集の前半には、男性的な狩猟や火祭りなどの写真がおかれている。それに対し、後半になると、女性の肖像、ヤギの親子、妊娠した女性、女性器を思わせるかたちに裂けたけものの傷口、祭りのために仮装した子どもたちなど、母性や命の循環を想起させるイメージが積み重ねられていく。そのなかで、山の神の像なのか、樹齢を重ねた杉の根元におかれた女性の神さまの石像を撮った写真が注意を引く。

ひと口に「山の神」といっても土地によって異なる。平地の農民における田の神信仰では、山の神は祖霊の集合体であり、春になると村里におりてきて豊穣をもたらす存在で、反対に山は異界となる。狩猟民のマタギは山の神を女性だと考えてきた。熊や鹿などを狩りにいくのは男の仕事であり、神聖な山のなかではマタギ言葉をつかうことを掟とした。山入りをするときは身だしなみを良くし、艶話を禁じたという。[*4]熊をとれば、毛皮をとって解体したあとで呪文を唱え、心臓、背肉、肝臓を三切れずつ串に刺して、山の神に持串を供えた。獲物を逃したときは、山の神の好物であるオニオコゼを供えて祈りを捧げた。

武藤鉄城が収集したマタギのあいだに伝わる「八郎伝説」は艶《なまめ》かしい話だ。八郎が山入りするときに身ぎれいにするので、山に女を囲っていると妻が疑う。あとをつけると案の定、山小屋に美しい女がいた。嫉妬に狂った妻は、八郎を蛇に変える呪術をかける。蛇になった八郎はマタギ仲間に別れを告げ、沼に棲むことになった。山小屋にいた美しい女とは、実は山の神であったのだ[*5]。写真集では、十郎さんの「山には神がいる。／いや、この山のぜんぶが神なんだよ」という言葉が紹介される。山に雪が降りつもり、小川となって森の木々や草々を育む。その恵みによって動物たちが生きる。水や植物や動物の命によって、自分たち人間も生かされていると知ること。そのような山の人たちの思想にとって、山の神が、子を産んで育むことのできる母性の原理を象徴することは間違いないだろう。

そこまで考えて、ぼくは『Otari - Pristine Peaks』の一枚の写真の前で立ち止まる。急な崖を流れる小川の横で、カモシカがカメラのほうを振り返った瞬間を撮った見事な作品だ。カモシカは雄も雌も角が生えるから性別がわからない。いや、性別など最初から関係がない。マタギの老翁の言葉のように、山の神とはさまざまな命をめぐらせる「山そのもの」の生命力のことであり、それが美しい女の姿をとろうが、カモシカの姿をとろうが構わないのだ。そのような「山の神」のあり方を一枚の写真によって表象することは不可能だろう。しかし、写真のシリーズと詩的な言葉によって、小谷村の人たちの山に対する畏敬の念を感じさせることはできる。ところで、野村恵子さんの新しい写真シリーズは『Skin Dive』と名づけられるそうだ。それらの作品は町中

野村恵子『Otari-Pristine Peaks』(SUPER LABO)より

で撮られたものが多いが、ぼくたちの皮膚や体をつらぬいて生命から生命へと循環する火、風、水、土といった四元素を感じさせる作風であり、そこには小谷村のシリーズと変わらない力強さがある。

＊1 『マタギ——消えゆく山人の記録』慶友社、一九九七年、五五頁
＊2 『柳田國男全集4』ちくま文庫、一九八九年、九〇頁
＊3 同前、四四六頁
＊4 『マタギ——消えゆく山人の記録』慶友社、一九九七年、六八頁
＊5 武藤鉄城著『マタギ聞き書き』河出書房新社、二〇一七年、一八七頁

湖畔のメトロポリス——ソローによるメカス

プロローグ

それは二〇二〇年三月末のことだった。当初は、中国の武漢から流行がはじまった新型コロナウィルスの流行は、またたく間に東アジアを中心に広まった。三月中旬にいたるまでは、アメリカにおいて一日の感染者数が千人を上回ることはなく、どこか他人事の様相であった。しかし、三月二十五日には一日あたりの新たな感染症者が全米で一万人を超え、パンデミックが急速に拡大した。その半数がニューヨーク州で発生していた。この頃から医療現場においては、新型肺炎の患者を受け入れられる病床やその治療に必要な人工呼吸器の数が足りなくなり、いわゆる医療崩壊が起きたとされる。

ニューヨークを訪れる者なら誰でも立ち寄るのが、マンハッタン島のほぼ中央にあるセントラル・パークだ。南北に四キロ、東西に八百メートルの敷地にいくつかの池、芝生や緑豊かな樹々があり、散歩やジョギングにいそしむ者、公園のベンチで昼食やコーヒーを楽しむ者が多く見られる都会のオアシスである。特に公園の中央にある大きな貯水池は、この場所をどこか片田舎にある牧歌的な村のように見せる。しかし、三月末にその光景は一変した。地域にある医療施設では感染爆発した新型コロナの患者を受け入れきれなくなり、アメリカ軍の病院船がマンハッタンの港に到着した。セントラル・パークには仮設の白いテントが次々と建てられて、臨時の野戦病院が出現したのである。それを整備したのは、地元の病院と人道支援団体だった。この光景をニュースや新聞で目にした者は「まるでパニック映画のようだ」と思ったことだろう。

しかし、ぼくはそれとは少し異なる感想をおぼえた。市民の憩いの場がまるで難民キャンプのようになっていると思ったのだ。それは、一九四四年に二十二歳のジョナス・メカスと弟のアドルファスがナチスドイツに占領されたリトアニアから国外へ逃れようとしてつかまり、五年ものあいだ転々とすることになったドイツの難民キャンプにどこか似ている、と。ところが、一九四九年に難民としてニューヨークに到着し、その地で七十年間を暮らしたメカスは、前年の一月に九十六歳で亡くなっていた。彼が愛したマンハッタンが、彼が十六ミリフィルムで撮りつづけたセントラル・パークが、まさか難民キャンプのような光景になる日がくるとは、さすがの映画詩人でも想像しなかったのではないか。

ウォールデンの詩人

いまから約二百年前の一八一七年に、ヘンリー・デイヴィッド・ソローはアメリカ東部に生まれた。ハーバード大学を卒業し、家業である鉛筆製造業や教師の仕事に従事していたが、その後は定職につかなかった。ソローは生涯にわたって、生まれ育ったマサチューセッツ州コンコードの豊かな自然のなかで簡素な生活を送った。彼が書いた著書『ウォールデン（森の生活）』によれば、ソローは二十八歳のときにウォールデンと呼ばれる池のほとりに自分で家を建てて、その森のなかで昼も夜もすごすようになった。そうやって自然のなかで二年二カ月を暮らした。その家は「ただ雨を凌ぐだけのもので、漆喰もなく煙突もなく、四壁は荒けずりの風雨にさらされた板で、大きな隙間さえあり夜は風通しが良かった」という小屋のようなものであった。[*1]

ヘンリー・ソローによれば、その池に「ウォールデン」という名前がついたことには諸説があるようだ。ひとつは、その土地に暮らしていたネイティブ・アメリカンの口述伝承からきている。その昔、天高くそびえていた山上でインディアンたちが集会を開いていたが、精霊の悪口をいった。すると、山が揺れはじめて地面が陥没し、その池はすり鉢状に沈んでしまった。その場にいた者はみな亡くなったが、ウォールデンという名前の老婆だけが生き残ったので、その池に彼女の名前がつけられた。もうひとつは、イギリスに実際にある地名から由来するか、その独特の地形から英語のウォールド・イン（壁に囲まれた）から、そう呼ばれるようになったのではないかということだ。いずれにせよ、ソローは強い意志をもって、このウォールデンの湖畔で「森の生活」をはじめた。

> わたしが森に往ったわけは、わたしが慎重に生きようと欲し、人生の根本的な事実にのみ対面し、それが教えようと持っているものをわたしがまなぶことができないものかどうかを知ろうと欲し、わたしがいよいよ死ぬときに、自分は生きなかったということを発見することがないように欲したからである。わたしは人生ではないものを生きることを欲しなかった。生きることはそれほど大切だったから。[*2]

日本の中世にも西行や鴨長明のように、山里のなかに小さな庵を建てて、和歌や随筆をとおして悟りにいたろうとした「隠者」の伝統がある。野に遊び、森に学び、世捨て人のように世間からはなれて、自然のなかで詩を詠むように日記やエッセイを書きついだヘンリー・ソローはまさに隠者であろう。だが、ひとつ異なる点は、彼が移り住んだのは町中からおよそ一マイル半、となりの家からも一マイルほどの距離しかはなれていない大きな森であり、それは山というにはあまりに近隣《ネイバーフッド》であった。近所とも地域とも訳される「ネイバーフッド」に住むというあり方が、ソローの特徴ではないかと思う。右の文章にもあるように、世間から遠くはなれて日常の些事に煩わされないようにするという意味では隠者に近いが、そこには自我をむなしくして滅するという雰囲気はなく、人生をより良く生きるために森にこもるという現世的な生活への身近さがある。

この小さな湖は、八月のしずかなひと雨の合間に、最も趣きのふかい友となる。そのときは、空気も水もしずまりかえって空だけが雲でおおわれ、日ざかりの時刻が夕方のようなおちつきをもち、ツグミがあたりに鳴き、また岸から岸へと聞こえてくるのであった。このような湖水はこういう場合にいちばん鏡のようである。そのうえの空気の澄んだ部分は狭く、暗い雲がせまっているので、光りと反映とにみちている水面そのものが、ひとしお尊げに見える地上の天となる。*3

これは『森の生活』に書かれたなかで、ひときわ輝きを放って見える一節である。ヘンリー・ソローにとって「ふかい友」は山奥にわけ入り、人気のない場所で見いだされる秘密の湖沼である必要はない。それは町中から歩いていける日々の散策のなかで、季節の移り変わりや天候の条件や太陽の傾き具合によって、さまざまに表情を変える身近な自然であってよい。ギリシャの神々が跋扈《ばっこ》する楽園は、あるいはアダムとイヴが追われた楽園は、手を伸ばせばすぐそこにある森や池や田園の風景のなかに、ツグミの歌声やコケモモの味のなかにこそ発見される。日常の生活のすぐそばにある時空間が、ささいで細やかな差異を波立たせる。それを詩人の知覚によって敏感にキャッチし、博物誌的に収集して書き記していくことが、ソローにとっての「日記」という営為であった。

バイオグラフィによれば、故国リトアニアで文学雑誌の編集をしていた二十二歳のジョナス・メカスは、ナチスによる逮捕が迫るなかで国外に逃げようとしたが、ドイツの強制収容所に入れられてしまった。戦後は五年ほどをドイツの難民キャンプですごし、カッセルにいた二十五歳の頃、ヘンリー・ソローの『ウォールデン』を読んで感銘を受けたという[*4]。その後、リトアニアからの難民としてニューヨークに到着した。大都会に暮らすメカスの故郷喪失者としての一面は、日記映画『ロスト・ロスト・ロスト』(一九七五年)に詳しい。新しい土地にきて言葉も不自由なジョナスとアドルファスの兄弟ふたりは、最初の頃は数週間単位で働く工場を移りながら、ブルックリンやマンハッタンの住居を転々とするしかなかった。

一九五〇年十月三日。一所懸命、鉛筆で書こうとした。でもわたしの指は、その鉛筆をちゃんと握ることもできない。一年前、二年前のように……。工場の仕事のために指が硬くなってしまった。曲がらない。自由に動かない。前になかったようなタコができてる。太くなったみたいだ。ともかく、鉛筆が持てない。それで、一本指でタイプすることにした。[*5]

映画『ロスト・ロスト・ロスト』の前半部分では、ニューヨークに到着直後のメカス兄弟の姿やリトアニア移民のコミュニティを撮影した映像をつなぎ、ジョナス・メカス自身の声でこのようなヴォイス・オーヴァーをかぶせている。鉛筆工場の労働によって指が動かなくなり、鉛筆を持てなくなってしまったことは、詩人が筆を折ったという意味で象徴的だ。この挿話はいつもぼくのなかで、リトアニア語で詩を書いていた若き詩人が外国にきて、自分の詩を母国語だけで書くことに決めて、鉛筆のかわりに映画のカメラで身のまわりを撮るようになったことと重なって想起される。ヘンリー・ソローもまた家業の鉛筆製造をあきらめたあとで、野山を歩き、日記や随筆に専念する生活を送るようになった。ソローとメカスというふたりの詩人は、鉛筆を製造するという近代的な産業をともに通過しており、やがてその鉛筆（またはタイプライターや映画カメラ）をつかって美しい言葉をつむぐ詩の営みにむかったという点で共通している。

大都会のウォールデン

ジョナス・メカスがボレックスのカメラを買ったのは、一九五〇年のことだった。小型で頑丈な十六ミリフィルムのカメラは、第二次世界大戦中に戦場やニュース映像の現場で広くつかわれたこともあって、戦後のアメリカ社会には中古の機材が出まわっていた。筆者も二十年以上のあいだボレックスを愛用しているが、ときどき手入れをしておけば錆一つつかない非常に優れたカメラで、一度も修理にだしたことがない。ゼンマイ式なので充電する必要もなく、一秒間六十四コマまでの早回し（スローモーション）やコマ撮りも簡単にできる。手動でシャッター開角度が調整でき、フィルムの巻きもどしがクランクを回すだけでできるので、多重露光も撮影時にカメラ内でできる。

ジョナス・メカスは「一九五〇年から、私は映画日記をつけ続けている。ボレックスを片手に歩き回り、目の前にある現実を撮影してきた。場所や状況、友人たち、ニューヨーク、季節。10フレームしか撮らない日もあれば、10秒の日も、10分の日もある。何も撮らないこともある」と書いている。[*6] これも『ロスト・ロスト・ロスト』を観ると実感できることだが、一九五〇年代から、兄弟で住んだ部屋、カメラ・テストの様子、セントラル・パークでのピクニック、郊外へのドライブ、結婚式の様子などを撮影している。それだけなら、この時代のまめなホームムービーのつくり手であれば、同じような記録を残しているかもしれない。しかし、メカスは長年にわたって撮影したフィルムを保管し、二十年後や三十年後になってそれらを整理して長編映画に編集し、そこに字幕タイトルやコメンタリーを加えることで一本の作品に仕上げていった。創作活動のなかに「アーカイブ」をする行為が内包されている珍しい映画作家なのだ。

とはいえ、ジョナス・メカスは最初から日記映画の作家だったわけではない。そのスタイルは長年の試行錯誤の末に発見された。『ロスト・ロスト・ロスト』には、弟のアドルファスとふたりで撮ったが、最初期の完成されなかった映画のフッテージやそのメイキング映像が織りこまれていて興味ぶかい。メカス兄弟は一九六二年に劇映画『樹々の大砲』を完成し、六四年にはリヴィング・シアターの舞台を撮影したドキュメタリー『ザ・ブリッグ（営倉）』も製作している。このことからもわかるように、当初のメカスにとって自分の身のまわりを撮影して短い断片を集めることは、いつかちゃんとした映画作品を撮るための練習であり、当初はフィルムによるメモやスケッチという位置づけにすぎなかった。ところがある日、一九五〇年から六二年まで撮りためたフッテージをまとめて観てみると、そこにはある種の連続性が感じられたという。

ニューヨークを撮ってみようと思い立った、鉄とガラスとスモッグでできたこの巨大都市を。しかし、私の眼に映ったのは木々と雪景色、そして所々に見える草の緑だけだった……だから、私のフィルム・メモの中のニューヨークは、人々がよく知っているニューヨークというよりも、どこかしらウォールデンのようだ。あるいは、どこかの野辺、私の育った村のようでもある。私はほとんど野原で育った。自然の中で、森で、羊や牛を追いながら。自然はあまりに深く私の中に根ざしていて、切り離すことができない。[*7]

この頃から、ジョナス・メカスは自分が撮りためていたフィルムを編集し、日記的な映画をつくることに意識的になった。一九六〇年代の半ば、メカスはすでにニューヨークのアンダーグラウンド映画における上映者であり、映画作家の組合の立ち上げにも参加していた。何よりものちに著書『メカスの映画日記』にまとまることになる、「ヴィレッジ・ヴォイス」の週刊連載コラムを書いている批評家として有名だった。そんな彼が一九六五年から四年間かけて、彼と付きあいのあった市井の友人たちから、シャーリー・クラークやマリー・メンケンら映画作家の仲間たち、ジョン・レノン、オノ・ヨーコ、アンディ・ウォーホル、アレン・ギンズバーグらニューヨーク在住の著名人たちの姿まで、さまざまな人物との交友を撮りためていき、一本の長編映画に編集したのが最初の日記映画となった『ウォールデン』(一九六九年)である。このときメカスは四十七歳になっていたが、映画作家としての人生はまだ始まったばかりだった。

ぼくも何度かニューヨークを訪れたことがあるが、ジョナス・メカスの『ウォールデン』を観ると、「こんなに緑の多い牧歌的な街だったかな」とふしぎに思うことがある。この映画にでてくる印象的なショットには、画面いっぱいに大写しにした花やつぼみ、どこの森の奥かと思えるが実はセントラル・パークで撮影された若い女性のポートレート、見すごしてしまいそうなマン

ジョナス・メカスの映画『ウォールデン』日本版DVDより
写真提供：ダゲレオ出版

ハッタンの街角の草木、雪が降りつもった丘でそり遊びに興じる人々などがある。その中心となるのは、何といっても、天を突くほど高いビルディングに囲まれたマンハッタン島の中心にあるセントラル・パークである。ブルックリンやマンハッタンなど転々と住処を変えていたメカスは、すぐに息抜きがてら歩いていくことができ、草木の緑があふれ、家族や友人とピクニックができるその場所に楽園を見いだそうとした。ソローにとっての「ウォールデン」が故郷の町から歩いていける距離にあったように、メカスもまた近隣（ネイバーフッド）の公園に、常に変化をつづけ、興味が尽きない観察の対象を、そして撮影の対象を見つけたのだ。

セントラル・パークだけじゃない。私にとってウォールデンは街のいたるところにある。街を自分だけの小さな世界に、他の誰もそういう見方はしないというまでに縮小することは可能なんだ。『ウォールデン』を見た人の普通の反応はまず質問だ。「これはニューヨークなのか？」彼らのニューヨークは醜いビルや気の滅入るような陰気なコンクリートと芝生のつらなり。それは私のニューヨークじゃない。私のニューヨークには自然がたくさんある。『ウォールデン』は私が見たいと思っていたものの記憶の断片だ。[*8]

確かにジョナス・メカスの『ウォールデン』には、美しいもの、快活なもの、幸福なものばかりが恣意的に集められている印象がある。花や植物、美しい女性、猫や鳥や犬や猿などの動物たち、赤ん坊や子ども、パレードする人たち、アイススケートに興じる人たち……。しかし、それのどこが悪いというのだろう！　それは「客観的」なドキュメンタリー映画などではない。ヘンリー・ソローが飽きることなく観察をつづけたウォールデンの湖畔の森のように、メカスは詩人的な感性でもってセントラル・パークを見つめる。いや、その公園だけでなく、身のまわりにある生の歓びに満ちたものすべてを「ウォールデン」に変えてしまう。そう、灰色のニューヨークはメカスとボレックスのカメラアイによって幻想の楽園へと生まれ変わるのだ。もっと正確にいうならば、メカスが撮影したフィルムが現像され、ある一定の時間が経って見直されるときに、美しい記憶へと醸成される。夜な夜なそれらのフィルムをビューワーで見返しながら、スプライサーで切っては新しくつなぎ、リールで巻き取っていくメカスの編集室のかたわらに置かれたのは、ソローの『ウォールデン（森の生活）』という本だった。

リトアニアからの難民として、あるいは亡命者として、何の頼りもないメトロポリスにやってきたジョナス・メカスが、どうして映画カメラをつかって日常を祝福されたフィルムにしなくてはならなかったのか。そこが重要である。メカスは『ウォールデン』のあと、一九七二年に代表作となった『リトアニアへの旅の追憶』を完成した。それは二十七年ぶりに故郷の町セメニシュケイを訪ねて、母親や家族と再会したときの記録映像を中心に編集されている。この作品を観た人なら答えがわかっているはずだ。「実際には、私が撮影していたのはニューヨークではなく、自分の子ども時代だった。それは幻想の世界のニューヨークであり、フィクションだった」とメカスはいう。映画『ウォールデン』の特異性はここにある。コマ撮り、多重露光、露出オーバーとアンダー、手持ちカメラ、自撮りなど、一九六〇年代後半の実験映画における映像的なボキャブラリーを駆使しながら撮ったのは、日常風景を透かして見える生まれ育ったリトアニアの農村の姿なのだ。

それでは、それが楽園ではなく「楽園の記憶」であるのはなぜなのか。ジョナス・メカスがロマン派の詩人だからという理由だけでは説明できない。村は彼が不在にしていたあいだ、戦後にやってきたソ連式の社会変革によってなくなった。メカスが帰りたいと願う、小川の流れるセメニシュケイの小さな村は、実際にはもう存在していない。かつての村があった土地は、集団農場の広い牧場があるだけの風景に一変してしまった。その場所にはもう帰ることができない。それはもう記憶のなかにしかない。だから、地上の楽園はメカスが根をおろし、そばに仕事も芸術も友人たちもあるマンハッタンに見いだされるしかなかった。いまここにある風景に「楽園の記憶」をダブル・エクスポージャーするのだ。日々、姿を変えていくマンハッタンの花や草木に。あるいは、朝方や日中、そして夕暮れなど時間帯によって、別の面を見せてくれるメトロポリスの移ろいやすい表情に。

ソローによるメカス

最後にジョナス・メカスによる表現が、彼の映画作品のみにかぎらず、彼のヴィデオ作品、小説、批評文にいたるまで、どうして「日記」という形式をとらなくてはならなかったのかということを考えてみたい。

これまで見てきた『ウォールデン』という映画が、もっともヘンリー・ソローの森の生活に近づくのは、リール4でジョナス・メカスのカメラが列車で旅立ってからである。雪に囲まれたコロラド州の山奥で暮らすスタン・ブラッケージの一家を訪ねるシークエンスだ。メカスが撮った映像には、ブラッケージの『窓・水・赤ん坊・動き』(一九五九年)で自力出産をする妻のジェーンが登場する。雪山の森にある山小屋のような家と、薪割りをする庭は『ドッグ・スター・マン』(一九六四年)の舞台そのものだ。居心地のよい孤独のなかで森の生態に目と耳をすませ、おのれの執筆に没頭したソローの姿とは対照的に、小さな子どもたちと動物に囲まれたブラッケージ一家の生活は賑やかに見える。

そのなかで、ジョナス・メカスのカメラの眼は一匹のロバの姿に釘づけになっている。それは一家が飼っているロバで、ロスコーという名前だ。瓜実顔におかっぱのような白い前髪がかかり、丸々とよく太った体を短い四本の脚で支えている姿は、画面に登場するだけで愛嬌があって微笑ましい。何ともおもしろいのは、妻のジェーンがロバの背中に乗ってみせたあとに、メカスがお

メカスとロバ（画：住本尚子）

尻の大きなロスコーに揺られておそるおそる乗ってみる、その後ろ姿だ。そのような映像に、メカスは自分で演奏するアコーディオンの音楽をかぶせている。このことからも、彼がこの場面にリトアニアの田舎への甘い郷愁を重ねあわせていることが感じられる。ニューヨークにもどったあとに書いた、ブラッケージ一家への手紙のなかでメカスは次のように書いている。

もし明日アップタウンの八番街を郵便局に向かって歩いているときに、あのロバに会えたら！　と考えるとどれだけ幸せな気持ちになるか、君たちには想像もつかないだろう。／おわかりのように、ぼくがそんなおかしな望みを持ち始めれば、この街はぼくによいことなんてしてくれない。でもぼくは都会の人間だから、または都会の人間になる途中だから、これははっきりさせておこう。どんなことがあっても、前に進むということだ。後戻りはできない。都会の人間は村には帰れない。ふるさとのあの村には。[*9]

ニューヨークの街角で、田舎のロバに出くわすことを夢想する映画詩人。これがジョナス・メカスの作品の本質の部分に横たわる優しさであろう。もちろん、メカスはリトアニア語で書いた詩を翻訳出版したが、ぼくなどから見ると、こうやって手紙の一節のなかでさりげなく表明される彼の詩心、あるいは彼の映画のなかで映像にかぶせられて、リトアニア訛りのある英語のヴォイス・オーヴァーでつぶやかれる言葉のなかにこそ、彼の詩が溶けこんでいるように思われる。

それが遺憾なく発揮される形式が「日記」なのであった。実はヘンリー・ソローも、彼の有名な著作となった随筆や旅行記のほかに膨大な日記を書き残している。そのほとんどは生前に発表されることがなかった。日々の生活のなかで出会ったものを丹念に記録し、それを研究し、自然を賛美しつつ、モノローグで自分の考察に詩のエッセンスを融合する方法は、メカスのそれと良く似ている。たとえば次のような文章は、メカスが書いたものといわれても誰も疑わないだろう。

病んでいた私が、自分の回復を予言する健康な耳で、通りで牛が鳴くのを聞く。この音が私の脈拍にふれるのは何かあってのことなのだ。ある芳《かぐわ》しさが私の諸々の感覚の中に入ってきて、私はやはり自然の子である、と告げ知らせる。納屋の脱穀の音、かなとこのカチンカチンと打つ音が、黄泉《ステュクス》の国の川のこちら側で鳴っている。もしも私が医者であれば、車いすで患者を窓のところへ運び、自然が彼らの脈をとるのを待つだろう。彼らの感覚が健全であるかどうか、すぐ明らかになるだろう。[*10]

ヘンリー・ソローに私淑していたのだから当然のことだが、語り口までどこか似ているようだ。健康な耳をもった「自然の子」であるジョナスは、大都会に暮らしながらも、その脈は植物の持つ時間の流れのほうに同期していた。メカスの映画『ウォールデン』のなかでひときわ印象的なのが、季節の変化を記録していることだ。映画のなかでは、残雪の残る春のセントラル・パークにはじまり、リール2の「サーカス・ノート」のあたりで五月がきて、やがて秋が終わる。リール3の頭では真冬になり、そしてまた翌年の冬がくる。一九六四年から数年にわたって撮影した作品であるから、季節がめぐるように作者が全体をそのように再構成しているのだといえる。

一方で、ヘンリー・ソローの日記は、自分のためだけに書いたとは思えない完成された散文になっている。このような端正な文章を日々書きつづるという、息の長い仕事をつづけるだけのモチベーションはどこからくるのか、と感嘆する。短い文章には必ず日付がふられている。たとえば、彼が春に書いた日記を読むと、マサチューセッツの寒い冬のなかに、少しずつだが春の訪れが近づくさまを高精度のセンサーでとらえている様がよくわかる。殺風景な雪景色のなかに小さな新芽が吹きだし、風の吹く方向と強さが徐々に変わり、鳥たちの声とその動きがほんの少しだけ活発になる。ソローはコンコードの近隣の森や池や草原を散策しながら、生理学者や博物誌家の緻密な観察眼で、植物や動物などの生命にとどまらず、天体や気象の微細な変化を日記のなかでとらえた。であるから、日記の一枚一枚のページに文字を書いているとき、彼はまさにその森のただなかにいる。

森へ行くとき、ポケットに小さな本をもって行こうと私は考える。その著者はすでに森にいる。ページに書かれている内容は私の思考と同じくらいすばらしく、私の思考を補い、森が町を閉め出した後も、地平線であいかわらずきらめいている人間的な生活を私に示してくれるだろう。しかし私はだれにも会うことはない。どのような人も私の思考ほどには自然の入江へと航海してこないだろう。彼らは家《ホーム》に留まる。私は心安らぐ場所《ホーム》へ向かうだろう。森に着くと、森のわずかな葉が私の指の中でさらさら音をたてる。葉はあらわで、明瞭であり、それらのまわりには光輪も靄もない。自然はそれらすべての背後かなたに魅力的に横たわっている。[*11]

ジョナス・メカスとヘンリー・ソローにとって、心安らぐ場所（ホーム）は、もうすでに故郷でも家庭でも自宅でも家族でもなくなっている。故郷は振り返るものではなく、住めばそこが故郷になるし、故郷は絶えずつくりだしていくものなのだ。彼らにとってホームとは、多様に変化をつづける「自然」のことだ。都会の真ん中にあって、家族連れが公園で遊び、自分は街路を散歩しながら友人たちと芸術や文学について語りあい、バーでワインを傾け、歌や音楽に興じる。そのかたわらでは、生の輝きと響きあうように街路樹の枝が風にそよぎ、池の水面に鴨が着水してあざやかな円形の水紋を描いてみせる。メカスはそのような日常の幸福をとらえた映像の断片に、ソローの「森の生活」と通ずるものを見いだした。メカスにとっての森や自然は、最初から自分の内側にある。それらを掘り起こすプロセスが、彼にとって日記映画をつくることだった。昔のフィルムを取りだして夜な夜な編集台の前でそれを見直していく、その真夜中の営みこそが心が安らぐ場所をつくることであったのだ。

ヘンリー・ソローにとってホームとは「森」のことであった。彼によれば、詩人の思考や言葉をとおして自然がみずからを語るのではなく、自然は詩人とともにあって語る。彼が自然のなかにいて、さまざまなできごとを感覚し、それらが彼の精神に反映するときに詩の原石が生まれる。どんな場所にいようと、それがどのような季節でどんな時間帯であっても、頭のなかにはいつも思考の樹々が複雑に生い茂っている。その思考と実際の森を区別する必要はないのだ。なぜなら、ふたつは同じ仲間だから。ソローが森とひとつになったというのではない。自然のなかで起きる現象は彼の思考に反映し、彼の書いた日記は自然の姿を反映する。汲み尽くすことのない興味の源泉が、一時たりとも同じ姿を保つことのない森から、いくらでもわき上がってくる。彼の日記帳を開くだけで、かぐわしい土と葉のにおいとともに、そこに「森」が立ちあらわれる。

おそらく、ぼくはいまソローについて語りながら、ジョナス・メカスについて語っている。もしくは、メカスを語りながらソローを……。そのどちらであっても、彼らの本を開くときにぼくの頭上には太陽が輝いていることだろう。

*1 『森の生活』ヘンリー・ソーロー著、神吉三郎訳、岩波文庫、一九七九年、一一七頁
*2 同前、一二五頁
*3 同前、一一九―一二〇頁
*4 「Biography」『ジョナス・メカス――ノート、対話、映画』木下哲夫訳、森國次郎編、せりか書房、二〇一二年、三二三頁
*5 コメンタリー3「ロスト・ロスト・ロスト」飯村昭子訳、同前、二三一頁
*6 「フレーム・バイ・フレーム」西山敦子訳『ザ・ウォールデン・ブック』ピップ・ショドロフ、クリスチャン・ルブラ編集、ダゲレオ出版、二〇一三年、四五頁
*7 同前、四八頁
*8 同前、九七―九八頁
*9 同前、一〇五頁
*10 ヘンリー・ソロー著、H・G・O・ブレーク編『ソロー日記 春』山口晃訳、彩流社、二〇一三年、一八頁
*11 同前、一四三頁

初出一覧

第一章
「ゾミアの遊動民」『拡張するイメージ』藤田瑞穂・川瀬慈・村津蘭編、亜紀書房、二〇二三年三月刊に所収の論考に大幅加筆

第二章
「生命と非生命のダンス」『たぐい』vol.3、亜紀書房、二〇二一年二月刊（「生物と物質のダンス」を改題）
「戦場のホモ・ルーデンス」『群像』二〇二〇年九月号、講談社、二〇二〇年八月刊
「悪魔たちの交感」『現代詩手帖』二〇二一年九月号、思潮社、二〇二一年八月刊
「憑依芸能の社会学」『Art Anthropology』一七号、多摩美術大学芸術人類学研究所、二〇二二年三月刊
（「ジャワ島の憑依芸能」を改題）

第三章
「幻覚の探求」書き下ろし
「複合する草荘神」『地名と風土』第一五号、日本地名研究所、二〇二二年三月刊
「北辺の映像民俗学」『NFAJニューズレター』八号、国立映画アーカイブ、二〇一九年十二月刊
「水と命がめぐる山の世界」『瞬く皮膚、死から発生する生』展カタログ、足利市立美術館、二〇二〇年八月
「湖畔のメトロポリス」『ジョナス・メカス論集』neoneo編集室、二〇二〇年十一月刊

インディジナス
先住民に学ぶ人類学

2023年4月19日　初版第1刷発行

著者　金子 遊
発行者　下中美都
発行所　株式会社平凡社
〒101-0051　東京都千代田区神田神保町3-29
電話　03-3230-6584（編集）
03-3230-6573（営業）
https://www.heibonsha.co.jp/
装幀　熊谷智子
地図製作　尾黒ケンジ
印刷・製本　図書印刷株式会社

ISBN 978-4-582-83920-3